메이커 교육
사용 설명서

지은이 / 전상현

메이커 교육을 적용한 다양한 학생 주도 수업을 실천하는 교사.

교육부 요청 디지털교과서 연구학교, 소프트웨어 선도학교, 사회과 연구학교(플립러닝 적용), 독서토론 선도학교 주무를 담당하며 다양한 분야의 교육활동이 교실에서 실제적으로 적용될 수 있도록 계획, 실천했다. 이런 경험을 바탕으로 스마트교육 분야에서 농산어촌 ICT지원 원격영상진로멘토링 활용 수업 사례 공모전 교육부 장관상 및 한국직업능력개발원장상을 수상하였고, e러닝 우수교원으로 선발되어 교육부 장관상을 받았다. 또한 전라남도 스마트교육 실천사례 대회에서는 1등급과 3등급을 받았으며 다양한 강의를 통해 ICT기기를 활용한 수업 사례를 공유하고 있다.

구성주의에 기초한 학생 주도 수업인 메이커 교육을 더 널리 알리기 위해 광주, 전남, 경기도 여러 학교에서 메이커 교육 연수를 진행하고 있으며, 메이커 교육 교사 모임인 '메이커 스쿨'을 이끌고 있다. 교실에서 활용 가능한 메이커 키트와 교수·학습 과정을 개발하기도 했다. 현재 광주교육대학교 대학원에서 파견 교사로 근무하며 메이커 교육, 구성주의 및 교육과정과 수업에 대해 공부하고 있다. (메이커 교육 관련 문의: bbunbbun3@naver.com)

페이스북 facebook.com/elshadai1961
블로그 (보름달을 꿈꾸는 상현달 전쌤) blog.naver.com/bbunbbun3
밴드 (메이커 스쿨) band.us/band/76832402
유튜브 (상현달 전쌤 TV) youtube.com/c/상현달전쌤 TV

메이커 교육
사용 설명서

초판 1쇄 발행 2019년 10월 18일
2쇄 발행 2021년 1월 7일
지은이 전상현
펴낸이 이형세
펴낸곳 테크빌교육㈜

책임편집 이윤희 | **편집** 신현숙 | **디자인** 어수미 | **제작** 제이오엘앤피
테크빌교육 출판 서울시 강남구 연주로 551, 5층 | **전화** (02)3442-7783 (142)

ISBN 979-11-6346-056-5 03370
책값은 뒤표지에 있습니다.

테크빌교육 채널에서 교육 정보와 다양한 영상 자료, 이벤트를 만나세요!

블로그 blog.naver.com/njoyschoolbooks   페이스북 facebook.com/teacherville
티처빌 teacherville.co.kr   티처몰 shop.teacherville.co.kr
쌤동네 ssam.teacherville.co.kr   키즈티처빌 kids.teacherville.co.kr

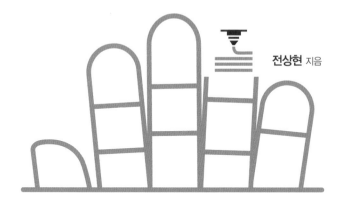

전상현 지음

메이커 교육
사용 설명서

테크빌교육

*

고마움의 말

메이커 교육이 실제 학교 교실에서 이루어질 수 있도록 여러 도구와 장비를 구입하고 그에 맞게 교실 환경을 만들 수 있게 해 주었을 뿐 아니라, 의미 있는 수업이 이루어질 수 있도록 지지하고 응원해 준 화순 아산초등학교 전 교장선생님이자 지금은 전라남도교육청에서 근무하고 있는 범미경 장학관님에게 고마운 마음을 전합니다. 수업과 아이들에 대해 생각의 변화를 갖게 하고, 특히 이 책 내용 중 '상현달 선생님의 Think, Talk!'에 많은 영향을 준 실천교육교사모임의 정성식 선생님에게 고맙습니다.

메이커 교육이 무엇인지, 그리고 메이커 교육에 필요한 도구와 프로그램에 대해 무지할 때 책과 유투브 영상으로 도움을 준 '메이커 다은쌤' 전다은 선생님에게 고맙습니다. 이 책이 한 분의 선생님에게라도 도움이 된다면 그보다 가치 있는 일은 없다고 격려해 주며 책을 끝까지 쓸 수 있도록 이끌어 준 경기도 평택의 '밀알샘' 김진수 선생님에게 고맙습니다. 또한 교실에서 사용할 수 있는 메이커 키트를 만들고 선생님들이 쉽게 활용할 수 있도록 함께 교수·학습과정안을 만든 전북의 김반지 선생님, 광주의 최만 선생님, 멋진 어벤저스 팀을 꾸려 준 테크빌교육의 이정기 팀장님에게도 감사의 인사를 보냅니다. 마지막으로 부족한 선생님을 믿고 잘 따라 준 아산초등학교 아이들이 있었기에 지금의 책이 나올 수 있었습니다. 고맙습니다.

　상현달 아빠의 아이디어 창고이자 기쁨의 저장고인 귀염둥이 아들 현준이, 따뜻한 마음으로 남편의 부족함을 보듬어 주는, 존경하는 선생님이자 사랑하는 아내에게 감사의 마음을 전합니다. 마지막으로 나를 한 번도 놓지 않으신 하나님께 영광을 돌립니다.

추천의 글

우리 교육이 나아가야 할 방향과 메이커 교육

✦

　우리 교육이 나아가야 하는 방향을 이야기한다면 의심의 여지 없이 학생이 중심이 되는 수업을 꼽을 수 있습니다. 학생들은 문제를 해결하기 위해 다양한 생각을 하고 친구들과 협력하는 과정을 통해 더 나은 방법을 찾습니다. 이 과정에서 실패를 경험하며 좌절을 하기도 합니다. 하지만 이는 과정의 실패이지 결과의 실패가 아닙니다. 학생들은 실패의 과정 속에서 선생님과 친구들, 때로는 부모의 도움을 받으며 한 걸음 더 나아갈 수 있는 힘을 얻게 됩니다. 이런 힘들이 쌓이면 학교를 벗어난 세상에서 만나는 많은 문제를 당당하게 헤쳐 나갈 수 있습니다. 이 책에는 메이커 교육이 추구하는 문제 해결 경험, 자기 주도 학습, 협력, 기록과 공유, 실패의 과정 및 교사의 격려와 지지 등이 수업 활동 속에 나타나 있습니다. 현재 메이커 교육은 상당 부분 학교 밖 공간과 성인들을 대상으로 이루어지고 있습니다. 이를 초등학교 교실 안으로 끌어와 여러 과목에 적용하는 저자의 노력은 메이커 교육이 학교 현장에서 확산될 수 있는 밑거름이 되리라 여겨집니다. 또한 이 책을 읽는 많은 분들은 메이커 교육이 무엇인지, 수업에서 어떻게 적용할 수 있는지 등에 대한 실제적인 배움의 시간과 만날 수 있을 것입니다.

_ 황윤한 (광주교육대학교 교육대학원장)

작은 산골학교 선생님과 아이들이 전해 준 배움의 감동

✹ ✹

전교생 33명의 작은 산골학교 5학년 교실. 그 교실의 환경판(학급 게시판)은 프로젝트 학습의 결과물이 빼곡히 자리하고, 복도로 나온 학생의 미술 작품 속에는 그림과 함께 새들의 지저귐이 소리로 흘러나오는 듯하다. 어느 날은 드론을 날려 학교와 마을 지도를 그리고, 또 어느 날은 교실 바닥에서 로봇이 경주를 한다. 학생들의 웃음소리와 와자지껄 떠드는 소리 속에 배움은 곧 즐거움이 된다. 아이들의 배움과 성장을 위해 옆에서 늘 함께 머물렀던 선생님의 모습은 교장인 내게 짜릿한 울림을 준 최고의 선물이었다.

_ 범미경(전 화순 아산초등학교 교장, 현 전라남도교육청 장학관)

학교 수업 속에서 함께 성장하는 선생님과 아이들

✹ ✹ ✹

교육(education)은 라틴어 educare에서 유래되었으며, 'e(out, 밖으로)'와 'duco(ducare, drawing, 이끌어내다)'의 합성어라고 합니다. 교육의 어원을 토대로 수업의 퍼즐을 맞추다 보니 만난 것이 '메이커 교육'이었습니다. 메어커 교육에서 교사는 단순히 가르치는 사람이 아니라 학생들의 잠재력을 밖으로 꺼내도록 도와주는 동기부여가이면서 조력자, 촉진자입니다. 그리고 실제로 그러한 역할을 아주 잘 해내고 있는 전상현 선생님을 만나게 되었습니다. 그의 수업에서 '메이커 교육'은 종이, 건축, 사물, 프로젝트 수업, 소프트웨어, 교실 환경과 만나 새로운 메이커 교육이 됩니다. 그 과정을 한눈에 알아보기 쉽도록 이렇게 책으로 만날 수 있으니, 교육을 하는 저로서는 큰 행운을 만난 것입니다.

전상현 선생님은 메이커 교육의 본질을 '자기 주도적 학습, 문제 해결력, 끈기, 협업 능력 향상을 위한 교육'이라 말합니다. 학생들의 잠재력을 끌어내는 학생 주도 수업인 메이커 교육이 더 많이 공유되면 좋겠습니다. 이 책 속에서 교사와 학생의 '함께 성장'하는 모습을 만날 수 있어 감사합니다.

_ 김진수(평택 평일초등학교 교사, 『독서교육 콘서트』 저자)

시대가 원하는 교육을 실천하는 교사

✴ ✴ ✴ ✴

우리는 어릴 적에 나무를 깎아 새총을 만들거나 철사를 구부려 여러 모형을 만든 기억을 가지고 있다. 21세기 들어 다양한 기술과 도구의 발달은 우리를 편리하고 윤택한 생활을 할 수 있도록 도와주고 있다. 하지만 학교 교육은 초고속으로 발전하는 기술을 따라가지 못하고 있는 것이 현실이다. 저자로부터 『학생 주도 수업을 위한 메이커 교육 사용 설명서』라는 책을 전해 받았을 때, 우리의 갈증을 해소해 줄 수 있는 책이라는 것을 단번에 알아볼 수 있었다. 시대가 원하는 교육을 위해 책을 완성해 준 전상현 저자에게 고마움을 표하면서 당장 내년부터 대학 수업에서 이 책을 활용해야겠다고 다짐하였다.

_ 마대성(광주교육대학교 교수)

실제 수업 사례로 만나는
메이커 교육

메이커 교육이 뭘까?

2005년부터 여러 학자들이 '메이커(maker)'란 단어를 정의했습니다. 메이커는 초기에는 디지털 기술과 도구를 활용해 D.I.Y(DO It Yourself)로 무언가를 제작하는 사람을 일컬었습니다. 시간이 흘러 창작한 결과물을 공유하고 제작 및 과정을 통한 배움이 강조됨에 따라 서로 협력하고 상호 작용하는 모든 사람 또는 단체를 메이커라고 정의하게 됩니다.

이러한 생각을 바탕으로 사람들이 자신의 작품을 공유하는 일이 문화적 운동으로 확산되면서 '메이커 운동'이라는 이름으로 세상에 알려집니다. 즉 메이커 교육은 메이커 활동이 확장되어 일어난 새로운 교육 방법의 하나입니다.

메이커 교육과 오바마 대통령

내가 메이커 교육에 관심을 갖게 된 것은 몇 년 전 미국 백악관에서 열린 메이커 페어에서 오바마 대통령이 한 말 때문이었습니다.

"미국 제조업의 르네상스는 기술 혁신을 통해 새로운 사업을 시작하는 기업, 창업가, STEM 기술을 배우는 학생들이 주인공입니다. 오늘의 DIY가 내일의 메이드 인 아메리카가 될 것입니다."

비록 방송으로 이 말을 접했을 뿐이지만, 호기심을 넘어 망치로 머리를 땅맞는 충격이었습니다. 이때부터 메이커 교육에 관심을 가지고 관련 자료를 찾기 시작했습니다. 당시만 하더라도 메이커 교육에 대한 교육 자료가 많지 않아서, 국내외 유투브 영상을 찾아보며 메이커, 메이커 운동, 메이커 교육, 메이커 스페이스 등을 공부했습니다.

메이커 교육을 시작하다

영상으로 소개된 메이커 교육 사례는 우리 학교 현장에서는 흔히 볼 수 없는 장비들을 사용하여 멋진 제품을 만드는 것이 대부분이었습니다. 볼 때마다 감탄이 나왔지만, 실제 우리 교실에 적용하기는 어려웠습니다. 오히려 메이커 교육은 교실 밖 사회에서 먼저 시작되고 확산되고 있었습니다. 메이커 교육을 교실에 가져오려고 하니 준비해야 할 것들이 몇 가지 있었습니다. 가장 먼저는 '재료'였습니다. 당시 우리 반 교실에는 3D프린터, 3D펜, 노트북 등 유투브 영상에서 보았던, 제품을 만들기 위해 필요한 기자재가 하나도 없었습니다. 있는 것이라곤 종이, 칼, 자, 그리고 기본적인 학습 준비물뿐이었습니다.

'기자재가 없으니, 역시 우리 학교에서 메이커 교육은 무리일까?' 하는 생각에 한동안 좌절감을 느꼈지만, 메이커 교육의 끈을 놓지 못하고 계속 생각하다 보니, 메이커 교육의 본질은 결국 '자기주도적 학습, 문제 해결력, 끈기, 협업 능력 향상을 위한 교육'이라는 결론에 도달했습니다. 교실에 있는 작고 흔한 도구를 사용하더라도 아이들에게서 이러한 역량을 끌어낼 수만 있다면, 우리 교실에서도 충분히 메이커 교육이 가능하겠다는 생각을 했습니다.

메이커 교육과 기자재

일단 시작했습니다. 처음에는 실과, 미술 시간을 활용해 아이들과 함께 그리고, 자르고, 만들었습니다. 한편으로 메이커 교육의 여러 모형을 공부하면서, 내 나름의 수업 방법도 찾게 되었습니다. 먼저, 아이들은 집에서 디딤영상을 시청하고 그 내용을 노트에 기록합니다. 그리고 다음 날 수업 시간에 각자가 기록한 내용을 바탕으로 친구들과 이야기를 나누며 작품을 제작합니다.

이 과정에서 플립러닝(거꾸로 수업) 연구학교를 3년간 운영하며 쌓은 노하우가 빛을 발했습니다. 또한 소프트웨어 선도학교를 3년간 운영하면서 구입한 노트북, 3D펜, 드론과 새롭게 공부하게 된 3D프린터, 메이커 키트 등도 수업을 보다 풍성하게 만들어 주었습니다.

그뿐 아닙니다. 메이커 교육이 프로젝트 수업과 조화를 이루면서 조금씩 더 자연스러운 수업 형태로 정착할 수 있게 되었습니다. 아이들에게도, 내게도 억지로 질문을 떠올리고 무언가를 만들려고 노력하는 것이 아닌 일상적인 공부 방식으로 자리 잡아 갔습니다.

메이커 교육으로 달라진 아이들

처음에는 메이커 교육에 대해 배울 수 있는 자료가 부족해서 많은 시행착오

저자의 글

를 겪었습니다. 멋진 결과물을 만드는 것이 메이커 교육인 줄 안 것이죠. 그래서 아이들 옆에서 참견도 많이 했습니다. 하지만 꾸준히 메이커 교육 영상을 보고 관련 자료들을 찾아보면서 조금씩 생각이 바뀌었습니다.

교실에서 이루어지는 메이커 교육은 사회에서 이루어지는 메이커 교육과 재료, 활동 공간, 아이들의 관심도 면에서 같을 수가 없습니다. 그리고 학교는 '성취기준'이라는, 도달해야 할 분명한 목표가 있습니다. 아이들이 결과물을 완성하지 못하고 계속 실패하더라도 성취기준에 도달했다면, 그 과정도 충분히 가치가 있습니다.

메이커 교육을 교실에 적용하기 위해서는, 여러 가지 수업 방법을 함께 활용해야 합니다. 디딤영상이 필요할 때도 있고, 플로터를 사용해 커다란 도안을 출력해야 할 때도 있습니다. 프로젝트 수업 안에서 하나의 수업 방법으로 활용되기도 하고, 소프트웨어 교육과 함께 어우러진 융합 교육의 한 가지 방법으로 펼쳐지기도 합니다.

한편 메이커 교육을 하려면, 아이들이 지속적으로 흥미를 갖도록 하기 위한 교사의 노력이 필요합니다. 즉 준비하고 신경 써야 할 것이 많습니다. 물론 이것은 우리나라가 아직 메이커 교육 초기 단계이기 때문일 것입니다. 조금 더 학생 주도적으로 자율적인 메이커 교육이 이루어진다면 교사가 준비해야 할 일은 지금보다 적어질 것입니다.

아이들이 메이커 교육을 통해 즐겁게 수업하고 적극적으로 활동하는 모습을 보면 힘이 납니다. 특히, 수업 시간 외에도 문제를 해결하기 위해 친구들과 이야기를 나누며 협력하는 모습은, 메이커 교육을 지속적으로 할 수 있는 원동력이 됩니다. 교사가 되길 잘했다는 가슴 벅찬 뿌듯함을 느끼는 순간들이었습니다.

메이커 교육의 세 가지 장벽

메이커 교육의 첫 번째 장벽은 '인식'입니다. 실제로 메이커 교육을 어렵게 느끼는 선생님들이 많습니다. 하지만 이 책을 읽고 있는 선생님들은 이미 메이커 교육을 했고, 지금도 하고 있습니다. 성취기준에 도달하기 위해 교실에서 이루어지는 모든 종류의 자르고 만드는 활동이 다 메이커 교육이기 때문입니다. 메이커 교육에는 비주얼씽킹, 플립러닝, 협력수업, 토의학습, 프로젝트 학습, 스마트 교육 등 다양한 수업 방법이 활용됩니다. 메이커 교육을 학교 현장에서 활용되고 있는 여러 수업 방법 중의 하나로 이해한다면, 메이커 교육에 대한 생각의 장벽을 낮출 수 있습니다.

두 번째 장벽은 '환경'입니다. 현재 많은 학교에서 학교 공간 혁신의 일환으로 아이들이 직접 참여해서 무언가를 만들 수 있는 공간을 마련하고 있습니다. 이런 공간을 우리는 메이커 스페이스나 상상놀이터, 창작공방, 팹랩 등의 이름으로 부르고 있습니다. 하지만 아쉽게도 이런 공간은 대부분 학교 밖의 장소에 만들어져 있습니다. 이를 활용하는 사람들도 메이커 교육에 관심 있는 일부 사람들에 한정되어 있습니다. 지역 기반 메이커 스페이스는 간단한 목공 도구에서부터 전동 드릴, 전기 용접기, 3D프린터, UV프린터, 레이저커터기 등 고가의 장비들을 갖추고 있어서, 다양한 제품들을 만들기 용이합니다. 큰 테이블도 있고 공간도 넓어서 크기가 큰 제품도 만들 수 있습니다. 반면에 교실은 공간이 한정적이며 사용할 수 있는 도구도 안전상의 문제, 비용의 문제 등으로 제한적입니다.

세 번째 장벽은 '아이들'입니다. 지역에서 운영하고 있는 메이커 프로그램에 참여하는 아이들은 무언가를 만드는 것에 관심을 가지고 있습니다. 하지만 우리 교실은 그렇지 않습니다. 만드는 것을 좋아하는 아이도 있고, 그렇지 않은 아이도 있습니다. 평균적인 교육을 중시하는 현재의 교육 방침에 따르면, 무언가를 만드는 일에 관심이 없는 아이도 메이커 교육에 똑같이 참여해야 합니다. 그렇다 보니 교사에게도 아이들 모두를 활동에 적극적으로 참여시켜야 하는 부담이 있습니다. 하지만 '자기 주도적 학습, 문제 해결력, 끈기, 협업 능력 향상을 위한 교육'의 관점에서 메이커 교육의 방식을 다시 한번 짚어 보면, 이 문제 또한 어렵지 않게 선생님들 나름의 답을 찾을 수 있습니다.

상현달 전쌤의 메이커 교육과 수업

나는 지역에서 이루어지고 있는 메이커 교육의 흐름을 그대로 따라가지 않았습니다. 이 책도 마찬가지입니다. 메이커 교육이 추구하는 아이들의 주도성, 자발성, 공감, 즐거움, 도전, 협업, 공유의 가치는 지향하되, 교육과정의 흐름 속에서 메이커 교육이 이루어지도록 구성하였습니다. 교실에서 가장 지양해야 할 '아나공' 수업(체육 시간에 아이들에게 축구공 하나만 던져 주고 무의미하게 진행하는 수업 방식)이 되지 않도록, 교육과정을 분석하고 2015 개정교육과정의 성취기준에 도달할 수 있도록 메이커 교육 수업을 운영했습니다. 실과와 미술 시간뿐 아니라 국어, 수학, 사회 시간에도 메이커 교육이 이루어졌고, 다양한 프로젝트 수업 안에서도 이루어졌습니다.

　메이커 교육은 아이들에게 의미 있는 배움이 일어날 수 있도록 도와주는 하나의 수업 방법입니다. 이를 위해서는 교육과정과 성취기준을 분석해서 수업을 디자인하는 선생님들의 노력이 필요합니다. 그리고 무엇보다 중요한 것은, 아이들이 실패했을 때 격려하고 기다려 주는 따뜻한 마음입니다. 그 다음으로 중요한 것은, 아이들이 한 걸음 더 나아갈 수 있도록 생각을 이끌어 주는 디딤돌 역할입니다. 메이커 교육은 아이들을 능동적인 학습자로 만들어 생각을 키워 주고 수업을 보다 의미 있게 만들어 줄 수 있습니다.

중요한 것은 언제나, 아이들과 선생님과 수업

나는 우리 반 아이들이 학교에 오는 것이 즐거웠으면 좋겠습니다. 교실에 웃으면서 들어왔으면 좋겠습니다. 공부하는 것이 고역이 아니라 행복한 놀이같으면 좋겠습니다. 이런 생각으로 수업을 바꾸기 위해 고민하고 연구하다보니, 메이커 교육을 더 열심히 하게 되었습니다.

끝으로 선생님들에게 하고 싶은 말은, 생각하고 있는 것들을 직접 교실에 적용해 볼 때 진짜 나의 수업이 됩니다. 메이커 교육으로 수업을 만들고 교실을 디자인하는 선생님들이 되기를 바랍니다.

아이들의 보름달이 되고 싶은

상현달 전쌤 씀

차례

메이커 교육과 수업이 만나다

1 Part

종이, 메이커 교육을 만나다

2 Part

◀ 프로젝트 수업, ▶

메이커 교육을 만나다

5
Part

◀ 소프트웨어, ▶

메이커 교육을 만나다

6
Part

교실 환경, 메이커 교육을 만나다

7
Part

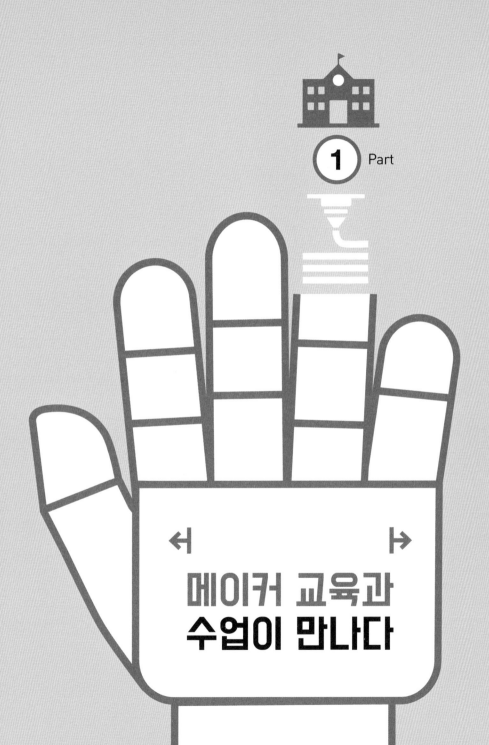

Part **1**

메이커 교육과
수업이 만나다

1. 학생 주도
메이커 교육이란?

현재 교육은 진화하고 있습니다. 시대의 변화와 새로운 매체의 지속적인 등장 같은 사회의 변화로 교육의 흐름 또한 빠르게 변화하고 있습니다. 과거에는 '무엇을 아는가'가 중요했습니다. 시간이 흘러도 사회가 크게 변하지 않기 때문에 기존의 정보를 많이 아는 것만으로도 살아갈 수 있었습니다. 하지만 지금은 자신이 가진 지식과 경험을 활용하여 '무엇을 할 수 있는가'가 중요합니다. 자고 일어나면 어제와는 다른 세상이 펼쳐지고 해결해야 할 문제들이 많이 발생하기 때문에 이러한 것들에 빠르게 적응할 수 있는 능력이 필요합니다.

'무엇을 할 수 있는가?' 여기서부터 메이커 교육이 출발합니다.

학생 주도 수업을 위한 메이커 교육
기존의 교육은 교사가 구성한 지식을 학생에게 전달했으며 교사용 지도서를 통한 정보 전달이 주를 이루었습니다. 그런데 메이커 교육은 교사가 촉진자가 되어 발문하는 과정에서 학습자가 스스로 지식을 구성할 수 있는 학습자 주도 교육을 말합니다. 학습 환경 및 매체의 관점에서 살펴보면 기존 교육은 교사가 직접 관리하는 자료실, 교구장이 중심이 됩니다. 또한 매체가 수업의 중심이 됩니다. 반면 메이커 교육은 학생들의 눈높이에 맞춘 교구장, 자율 공간과 같은 환경이 구축되고, 안전 교육과 미디어리터러시 교육 등이 중요한 교육 요소로 여겨집니다. 또한 메이커 교육은 평가체계에도 변화를 가져오고 있습니다. 지필평가보다는 과정 중심 포트폴리오(학습 결과물)가 중심이 되어 학생들의 협업과 공유, 재생산 가능성을 확산시키고 있습니다.

기존의 교육과 메이커 교육의 차이를 간단히 정리하면 다음과 같습니다.

강의식 교육과 메이커 교육의 차이

구분	강의식 교육	메이커 교육
수업 환경	교사 중심	학생 중심
교육 방식	학습 중심	경험 중심
평가 방법	결과 중심	과정 중심

즉 메이커 교육은 기존의 강의식 교육과 달리 학습자인 학생이 학습 주체가 되어 주제를 정하고, 정보를 검색하고, 문제를 해결하고, 디자인한 후 제작해서 결과물을 완성하는 학생 중심 교육입니다.

한국교육과정개발원과 MIT의 페퍼트(Seymour Papert) 교수는 메이커 교육을 다음과 같이 정의하고 있습니다.

"학생들이 도구를 이용해서 자신이 생각한 제품을 직접 설계하고
제작하는 학습자 중심의 교육"   _한국교육과정개발원

"반복의 과정을 통해 자신만의 방법으로 지식을 체계화하고 창의
적으로 구체적인 결과를 만들어 내도록 하는 교육"

                                        _ 시모어 퍼페트(Seymour Papert)

메이커 교육은 STEAM 교육과 무엇이 다른가

그렇다면 메이커 교육은 우리가 기존에 적용해 왔던 STEAM 교육과 무
엇이 다를까요? STEAM 교육은 5가지 분야(과학, 기술, 공학, 예술, 수학)
의 지식 융합을 목적으로 '교수자가 주도'하는 교육을 말합니다. 반면 메
이커 교육은 '학습자가 주도'적 활동을 통해 아이디어를 결과물로 제작하
는 교육이라고 말할 수 있습니다.

메이커 교육이 새롭게 대두되자 교육 현장에 있는 많은 교사가 우려
의 목소리를 냅니다. STEAM 교육이 중요하다고 해서 교육에 접목하기
시작했는데, 어느 순간 조용히 사라져 버린 과거의 경험 때문입니다. 메
이커 교육도 이와 같이 스쳐 지나가는 바람 같은 현상 아니냐고 묻습니
다. 현장의 우려는 당연한 결과입니다. 시간이 지나면 사라져 버리는 교
육의 흐름을 교사들은 좋아하지 않습니다.

이런 우려는 세계 메이커 교육의 흐름을 살펴보면 조금은 줄일 수 있
습니다. 세계적으로 일회성 체험 또는 단발성 교육이 아닌, 장기적 교육
패러다임의 전환 방향으로 단계적인 메이커 교육이 연구, 개발, 보급되

고 있습니다. 미국은 오바마 대통령이 2014년 6월 18일을 '전국 메이커의 날'로 지정하고 백악관에서 메이커 교육 대회를 개최한 바 있습니다. 이미 10년 전부터 STEAM 교육에 9,000만 달러의 예산을 투자했으며, 10만 명 이상의 STEAM 분야 교사 양성을 위해 1억 달러의 예산을 투입했습니다. 메이커 교육을 확산시키기 위해 STEAM 교육을 밑거름으로 삼고 있는 것입니다. 독일 연방교육연구부는 2012년부터 Make Light를 실시하여 초·중등 학생을 대상으로 주제별 워크숍을 실시하고 전 국민을 대상으로 메이커 박람회를 개최하고 있습니다. 또한 중국의 리커창 총리는 2015년 1월 4일 선전시의 창객공간(maker space)을 참관하고 '대중 창객공간의 발전을 통한 창신창업 추진 지도 의견'을 발표하였습니다. 즉 메이커 교육은 스쳐 지나가는 한순간의 바람과 같은 교육 흐름이 아니라, 눈에 보이지 않지만 우리 주위에 항상 있는 공기와 같은 존재가 되고 있습니다.

미래 인재를 키우는 메이커 교육

"블루 칼라(blue collar)도 화이트 칼라(white collar)도 아닌, 새로운 칼라(new collar)가 세상을 지배할 것이다."

_버지니아 로메티(Virginia Marie Rometty) IBM 회장

앞으로 우리가 살아갈 세상은 지금까지와는 다른 역량을 지닌 사람들이 이끌어 가게 될 것입니다. 우리 아이들은 빠르게 변화하는 세상 속에

서 처음 접하는 문제를 해결하며 살아가야 합니다. 이런 불확실한 미래에 대처할 수 있는 창의력을 갖춘 사람들이 '새로운 칼라'가 되고 미래를 이끌어 갈 수 있는 사람이 될 것입니다.

비싼 장비를 활용하여 거창한 결과물을 만들어 내야만 메이커 교육인 것은 아닙니다. 진정한 메이커 교육은 아이들이 스스로 생각하고, 직접 손으로 만들어 보는 과정에서 생기는 여러 문제를 친구들과 협력하여 해결해 나가는 것에 초점이 맞춰져 있습니다. 물건을 잘 만드는 능력을 갖춘 사람을 키우는 것이 아닌, 스스로 문제를 찾아 협력해서 이를 해결함으로써 새로운 변화를 만드는 능력을 키우는 데 메이커 교육의 가치가 있습니다. 메이커 교육을 통해 변화를 이끌어 나가는 '메이커(maker)'를 키워 내는 것이 메이커 교육이 나아가야 할 방향이자 미래를 이끌어 갈 우리 아이들에게 가르쳐야 할 부분이기도 합니다.

2. 교육의 3요소로 살펴본 메이커 교육

교수자

메이커 교육의 교사는 학생들의 자유로운 생각이 허용되는 분위기를 만들고 생각의 가지치기를 도와주며 협업을 위한 커뮤니케이션을 원활히 하도록 중재해 주는 역할을 합니다. 그동안 교사의 역할은 티칭(teaching)이었습니다. 하지만 메이커 교육에서 교사는 티칭보다는 코칭(coaching), 즉 학생들이 스스로 무언가를 할 수 있도록 돕는 퍼실리테이션(facillitation)의 역할을 해야 합니다. 다시 말해, 학생들이 자신의 선지식과 선경험을 떠올려 활동에 접목시킬 수 있도록 하고, 학생들 스스로 생각을 정리할 수 있도록 유도해야 합니다. 또한 활동의 주도자가 교사가 아닌 학생들 자신임을 지속적으로 상기시켜 활동에 적극적으로 참여할 수 있도록 도와주어야 합니다.

　메이커 교육은 무언가를 잘 만드는 학생들을 길러 내는 것이 목적이 아닙니다. 교사가 가지고 있는 기술적 노하우를 학생들에게 전해 주는 도제식 교육이라는 생각에서 탈피해야 합니다. 교사가 잘 한다고 해서 반드시 학생들을 잘 하게 할 수 있는 것도 아닙니다. '학생들 모두에게 적용 가능한(one-size-fits-all)' 교육 방식을 빨리 포기할 때 메이커 교육의 효과는 높아질 수 있습니다. 교사는 학생들이 과제를 수행하는 데 필요한 환경을 조성하고 교육 내용이 현실 세계로 확장될 수 있도록 수업을 구성하는 것이 중요합니다. 즉 단순한 지식의 전달자가 아닌, 지혜의 전수자로 그 역할을 바꾸어야 합니다. 하지만 이런 과정이 쉬운 것은 아닙니다.

사회 시간 때 일입니다. 삼국시대 때 성을 공격하는 데 사용한 무기인 투석기를 배우고 직접 만들어 보았습니다.

'투석기에 올려놓은 물체를 멀리 날리려면 막대들을 고무줄에 단단하게 묶어야지. 그리고 숟가락이 휘어지는 탄성도 고려해야 해.'

입 밖으로 이런 말을 꺼내고 싶었지만 결국 말하지 않았습니다. 정확한 답을 이야기하는 순간, 대부분의 학생들은 스스로 깊게 생각하기를 포기하고 교사가 제시한 방법을 따라가기 때문입니다. 그래서 대신 이렇게 말했습니다.

"투석기에 올려놓은 물체를 멀리 보내기 위해서는 무엇을 고려해야 할까요?"

학생들은 내가 던진 질문의 의도를 정확히 이해하지는 못했습니다. 하지만 이 짧은 발문은 학생들에게 스스로 생각하며 문제를 해결할 수 있는 기회를 주었습니다.

교육심리학자 비고츠키(Lev Semenovich Vigotsky)는 근접발달영역(Zone of Proximal Development)에 대해 이야기했습니다. 근접발달영역이란 학생이 혼자서는 해결할 수 없으나 교사나 친구들과 함께 학습하면 성공할 수 있는 영역을 의미합니다. 근접발달영역을 좁히는 방법이 바로 비계를 설정하는 것입니다. '비계 설정(Scaffolding)'은 학생이 주어진 과제를 잘 수행할 수 있도록 도움을 제공하는 것을 일컫습니다.

메이커 교육에서 교사는 비계 설정을 통해 학생들이 스스로 문제를 해결할 수 있도록 적절한 도움을 제공해야 합니다. 이때 적절한 발문이 필요합니다. 질문과 발문의 차이는 무엇일까요?

질문은 모르는 자가 아는 자에게 물어보는 것이고 발문은 아는 자가 모르는 자에게 물어보는 것으로, 교사는 발문을 할 때 학생들이 반드시 정답을 이야기하기를 기대하면 안 됩니다. 그리고 학생들이 답을 종이에다 적었어도 '3초'는 더 기다려 주어야 합니다.

> "교육에서 가장 중요한 두 가지만 꼽으라면, 기다리는 것과 아이를 나와 다른 인격체로 존중해 주는 것이다. 중간에 간섭하지 않고 채근하지 않고 기다려 주는 것만 잘 해도 아이들은 잘 성장한다."
> _오은영, 『못 참는 아이 욱하는 부모』 중

학습자

메이커 교육의 학습자인 학생들은 사고가 발달하는 성장 과정에 있으므로 어른들에 비해 유연한 사고를 가지고 있습니다. 하지만 경우에 따라 자주 흥미를 유발시켜 주어야 하고, 어른에 비해 상대적으로 경험이 부족하기 때문에 더 많은 촉진과 격려가 요구됩니다. 흔히 새로운 것을 발견하거나 번뜩이는 아이디어가 떠오르면 '유레카!'라고 외칩니다. 메이커 교육에서 '유레카!'와 같은 상황을 '아하! 모먼트'라고 말합니다. 교사는 학생들이 자신의 경험을 바탕으로 의미를 형성할 수 있도록 자극을 해 주어야 하는데, 이런 과정 속에서 학생들이 '아하!'라고 외치는 순간을 만나게 됩니다.

5학년 학생들과 학교의 위험 요소를 찾아 이를 해결해 보는 수업을 진행하던 때의 일입니다.

"우리 교실과 학교 건물에서 접할 수 있는 다양한 위험 요소를 찾아볼까요?"

"없는 것 같은데……."

학생들은 위험 요소를 뉴스에서만 볼 수 있는, 자신과는 동떨어진 것이라고 생각하고 있었습니다. 그래서 학교에서 다친 경험을 떠올려 보도록 했습니다. 다른 학생이 다치는 장면을 본 기억도 떠올려 보도록 했습니다. 학생들의 경험을 수업 안으로 끌어올 수 있도록 자극하니 하나둘 이야기가 나오기 시작합니다.

"교실 뒷문을 열다가 문과 문 사이에 손가락이 끼인 적이 있어요."

"복도를 지나가는데 화장실 문이 갑자기 제 쪽으로 열리는 바람에 문과 부딪혔어요."

학생들은 평소 자신이 겪었던 다양한 위험 상황을 이야기합니다. 이렇게 학생들은 경험을 바탕으로 의미를 형성하는 과정을 통해 배우고 익히게 됩니다.

메이커 교육에서 학습자는 관찰을 통해 선지식과 선경험을 바탕으로 자신만의 정보를 구성하고 학습합니다. 자신의 생각을 글과 이미지로 표현하고, 또한 모둠원과 이야기하는 과정 속에서 문제점을 발견하고 이를 수정해 나갑니다.

간혹 메이커 교육을 오해하는 경우가 있습니다. 학생 한 명당 교구 하나씩 마련해야 하고, 물리적인 환경도 갖추어져 있어야 메이커 교육을 할 수 있다고 생각합니다. 물론 이런 좋은 환경이 갖추어져 있다면 더 나은 교육을 할 수 있습니다. 하지만 다 갖추지 못했다고 메이커 교육을 못하는 것은 아닙니다. 이는 학생들을 조금만 자세히 관찰해 보면 알 수 있습니다. 교실에서 아이들은 종이 한 장만 있어도 쓰고, 그리고, 오리고, 붙이고, 만들어서 재미있는 놀이 활동을 합니다. 또 자신들만의 규칙을 만들어 지속적으로 변화를 시도합니다. 이처럼 아이들에겐 교실에 있는 모든 것이 놀이 도구이자 활동의 소재가 될 수 있습니다.

종이는 호랑이로 변신해 우리나라 역사를 배우는 수업에 활용됩니다. 기다란 나무 막대는 고무줄과 만나서 투석기로 변신해 수업 시간에 활용되고, 지점토와 빨대는 우리나라 문화재를 만나는 활동에 사용됩니다.

학생들의 사고는 유연하여 교사가 생각하지 못한 부분까지 확장될 수 있습니다. 루소는 『에밀』에서 아이들을 '좋다', '나쁘다'로 평가하는 것을 서두르지 말라고 이야기합니다. 이는 메이커 교육이 추구하는 방향과 맥이 일치합니다. 조금은 천천히 성장하는 아이들, 궁금한 것이 많아 계속 질문하는 아이들, 자기만의 생각을 가지고 독창적인 것을 만드는 아이들. 조금만 더 이해하고 참고 기다려 줄 필요가 있습니다. 아이들은 원래 그러하기 때문입니다.

매체

메이커 교육의 매체는 메이커 스페이스(메이커 교육을 하기 위해 별도로 조성한 공간)에서 보게 되는 거대한 장비나 3D프린터, 3D펜, 그리고 다양한 목공용 장비들만이 아닙니다. 메이커 교육에서 사용되는 매체는 일상 생활이나 교실 구석구석에서 흔히 구할 수 있는 것들을 말합니다. 또한 요즘에는 물리적인 도구들뿐만 아니라 다양한 소프트웨어 도구들이 보편화되어 메이커 교육을 돕고 있습니다.

메이커 교육은 단순히 유투브에 등장하는 몇몇 메이커들을 위한 교육만을 의미하지 않습니다. 다양한 지식을 융합적으로 활용하고 창의적인 사고를 바탕으로 주어진 문제를 해결해 낼 수 있는 도구라면, 그것이 작은 연필이라도 훌륭한 매체가 될 수 있습니다.

메이커 스페이스를 갖춘다면 훨씬 수준 높은 메이커 교육이 가능합니다. 하지만 교실 한 칸을 늘리기 어려워서 아이들이 공부하는 교실을 방과 후 수업 교실로 활용하고 있는 것이 우리의 현실입니다. 예산 부족으로 3D프린터, 3D펜, 피지컬 컴퓨팅을 위한 매체를 구입하기도 어렵습니다.

도구는 적절히 활용될 때 그 가치가 있습니다. 따라서 메이커 교육의 매체는 매체 자체에 대한 교육보다는 다양한 상황과 목표를 가진 과제를 해결하기 위해 적절히 사용될 때 진정한 가치와 의미가 있습니다.

우리 교실을 한번 살펴보겠습니다. 메이커 교육을 위해 활용할 수 있는 매체들은 무엇이 있을까요? 연필, 자, 가위, 풀, 테이프 등과 같은 간단한 도구부터 글루건, 커터칼, 우드락, 지점토 등 조금 부피가 큰 도구가 있습니다. 또한 어떤 교실은 3D펜, 3D프린터, 노트북, 모델링을 위한 다양한 소프트웨어 프로그램 등을 갖추고 있기도 합니다.

메이커 교육에 대해 가장 많이 하는 오해 중 하나가 고가의 장비, 특히 3D프린터가 꼭 있어야 한다고 생각하는 것입니다. 물론 3D프린터가 있으면 생각만 하던 것들을 눈에 보이는 결과물로 출력할 수 있다는 장점이 생깁니다. 하지만 이런 고가 장비가 메이커 교육에서 추구하는 학습자 중심의 창의 교육을 보장하는 것은 아닙니다. 있으면 좋지만, 반드시 필요한 것은 아닙니다.

학생들이 무언가를 만들고 문제를 해결하는 경험과 지식을 쌓는 데 쓰일 수 있는 도구라면 무엇이든 메이커 교육의 매체입니다. 기술 자체가 교육을 바꾸지는 못합니다. 매체 또한 마찬가지입니다. 학생들에게 미래를 살아갈 힘을 주기 위한 경험의 바탕을 마련해 줄 수 있다면 그것만큼 가치 있는 매체는 없을 것입니다.

3. 2015 개정교육과정과 메이커 교육

수업을 통해 학생은 무엇을 배우는가

교육과정은 우리 사회가 지향하는 교육적 인간상을 바탕으로 교육 이념, 목표, 내용과 방법에 대한 방향을 규정하고 있는 법적 문서입니다. 교육과정은 학생들에게 '무엇을, 어떻게, 왜' 가르칠 것인가에 대한 체계적인 계획이자, 학생들이 학교에서 경험한 교육의 총체라 할 수 있습니다. 메이커 교육에서 강조하는 점이 바로 학생들이 '무엇을 할 수 있는가?'입니다.

학교에서 이루어지는 모든 교육활동의 중심에는 수업이 있습니다. 수업은 계획된 교육과정이 교실이라는 공간 속에서 구체적으로 실현되는 실천입니다. 또한 수업은 교사의 가르치는 행위와 학생의 배우는 행위로 구성되어 있습니다. 최근에는 수업의 패러다임이 학생의 참여와 협력, 탐구를 이끌어 내기 위한 방향으로 변화하고 있습니다. 이것은 메이커 교육에서 추구하는 목표와 일맥상통합니다.

이러한 수업 혁신의 방향은 교사 중심의 일방적 강의식 수업을 넘어 학생의 참여와 협력을 보장한다는 공통점을 보이고 있습니다. 이는 학생들이 주체적으로 참여하며 협력하는 가운데 자기 주도적 학습 능력, 문제 해결 능력을 키우고 배려와 협력의 가치를 수업 과정에서 익힘으로써 민주시민으로 성장하는 것을 목적으로 합니다. 수업 혁신의 방향을 이형빈은 『교육과정-수업-평가 어떻게 혁신할 것인가』에서 다음과 같이 정리하고 있습니다.

범주	기존의 수업	수업 혁신의 방향
교사-학생	교사는 일방적으로 강의하고 학생은 이를 수동적으로 듣는다.	교사와 학생 사이에 대화적 관계가 형성되어 자기의 생각을 표현하며 수업에 참여한다.
학생-학생	학생과 학생 사이에 협력적 관계가 나타나지 않는다.	학생들이 서로 협력하며 다양한 학습 활동을 수행한다.
교사-교사	교사들이 고립된 채 자신의 수업에만 관심을 두고 있다.	교사들이 서로 협력하며 수업 개선을 위해 노력하는 모습이 정착되어 있다.

2015 개정교육과정과 메이커 교육

2015 개정교육과정의 흐름 속에서 메이커 교육을 잘 적용하기 위해서는 몇 가지 고려할 점이 있습니다. 흔히 메이커 교육을 하기 위해서는 메이커 스페이스와 같은 별도의 장소를 구비해야 한다고 생각합니다. 하지만 학생들의 참여와 협력, 문제 해결은 특정 장소에서 발휘되는 것이 아니라 학생들이 가장 많은 시간을 보내는 교실에서 이루어집니다.

또한 지금 이 순간에도 엄청난 양의 지식이 쏟아져 나오고 있는 현대 사회에서 교사가 모든 지식과 정보를 사전에 학습하여 갖추기는 불가능합니다. 메이커 교육의 준비는 교사가 학생들에게 코칭과 퍼실리테이션을 주기 위해 필요한 요건을 갖추는 것만으로도 충분합니다.

핵심역량

메이커 교육으로 잘 가르치기 위해서는 앞에서도 언급한 '티칭이 아닌 코칭'이 필요합니다. 코칭은 전통적인 교수법으로 수업을 해 온 교사들에게 커다란 도전입니다. 교육부에서 발간한 『2015 개정교육과정 총론 해설』에서 밝히고 있는 교육과정 개정의 배경은 '미래 사회가 요구하는 창의 · 융합형 인재 양성'입니다. 그리고 이러한 인재 양성을 위해 필요한 것이 바로 코칭입니다. 2015 개정교육과정에서 가장 특징적인 것은 '핵심역량'이라는 개념이 처음으로 등장했다는 점입니다.

2015 개정교육과정 국가 수준 핵심역량

자아정체성과 자신감을 가지고 자신의 삶과 진로에 필요한 기초 능력과 자질을 갖추어 자기 주도적으로 살아갈 수 있는 **자기관리역량**

문제를 합리적으로 해결하기 위해 다양한 영역의 지식과 정보를 처리하고 활용할 수 있는 **지식정보처리역량**

폭넓은 기초 지식을 바탕으로 다양한 전문 분야의 지식, 기술, 경험을 융합적으로 활용하여 새로운 것을 창출하는 **창의적 사고역량**

인간에 대한 공감적 이해와 문화적 감수성을 바탕으로 삶의 의미와 가치를 발견하고 향유하는 **심미적 감성역량**

다양한 상황에서 자신의 생각과 감정을 효과적으로 표현하고 다른 사람의 의견을 경청하며 존중하는 **의사소통역량**

지역, 국가, 세계 공동체의 구성원에게 요구되는 가치와 태도를 가지고 공동체 발전에 적극적으로 참여하는 **공동체역량**

핵심역량은 '지식—기능—태도(가치)'의 총체적 개념으로 과거의 단편적 지식 위주의 학습을 극복하는 데 도움이 되는 개념입니다.

한국교육과정개발원에서는 메이커 교육을 '학생들이 도구를 이용해서 자신이 생각한 제품을 직접 설계하고 제작하는 학습자 중심의 교육'이라고 말하고 있습니다. 이 말 안에는 지식과 정보를 처리하고 활용하는 지식정보처리역량, 새로운 것을 창출하는 창의적 사고역량이 포함되어 있습니다. 또한 서로 협력해서 제품을 제작하기에 의사소통역량이 필요하고, 만들어진 제품은 우리 사회의 발전을 위해 사용되므로 공동체역량도 기를 수 있습니다. 구체적인 결과를 만들어 내는 활동 안에는 다양한 직업 요소들이 녹아 있기에 스스로 삶을 영위할 수 있는 자기관리역량 및 삶의 의미와 가치를 발견하는 심미적 감성역량도 키울 수 있습니다.

교수·학습

2015 개정교육과정의 교수·학습 부분은 이전 교육과정에 비해 상당히 혁신적인 면모를 보입니다. 2009 교육과정 문서에 명시된 "수준별 수업을 권장한다."는 구절이 빠지고, "협력적으로 문제를 해결하는 협동학습", "교사와 학생 간, 학생과 학생 간 상호 신뢰와 협력" 등으로 내용이

수정되었습니다. 또한 "교과 내, 교과 간 내용 연계성"을 강조하는 것은 통합교육과정의 원리가 명시된 것으로 볼 수 있습니다.

> ▶ 개별 학습 활동과 함께 소집단 공동 학습 활동을 통하여 협력적으로 문제를 해결하는 협동 학습 경험을 충분히 제공한다.
> ▶ 교사와 학생 간, 학생과 학생 간 상호 신뢰와 협력이 가능한 교수·학습 환경을 제공한다.
> ▶ 학생의 융합적 사고력을 기를 수 있도록 교과 내, 교과 간 내용 연계성을 고려하여 지도한다.
>
> _2015 개정교육과정의 '교수·학습' 내용 중

이렇듯 2015 개정교육과정 교수·학습 내용에서 강조하는 부분은 메이커 교육과 밀접하게 관련되어 있습니다. 메이커 교육은 교사와 학생, 학생과 학생의 협력을 기반으로 이루어집니다. 페퍼트 교수가 말한 것처럼, 창의적으로 구체적인 결과를 만들어 내기 위해서는 단순히 미술, 실과 시간에만 수업이 이루어지는 것이 아니라 교과 전반에 걸쳐 지식을 통합하고 체계화하는 노력이 필요합니다.

평가

2015 개정교육과정이 교육 전반에 반영되면서 평가 영역에서도 혁신적인 변화가 일어났습니다. 가장 큰 변화는 바로 과정 중심 평가가 도입된 것입니다. 한국교육과정평가원(2017)은 "과정 중심 평가란 교육과정의

성취 기준을 기반으로 한 평가 계획에 따라 교수·학습 과정에서 학생의 변화와 성장에 대한 자료를 다각도로 수집하여 적절한 피드백을 제공하는 평가를 의미한다."라고 설명합니다.

▶ 학교는 학생에게 평가 결과에 대한 적절한 정보 제공과 추후 지도를 통해 학생이 자신의 학습을 지속적으로 성찰하고 개선할 수 있도록 지도한다.

▶ 학습의 결과뿐만 아니라 학습의 과정을 평가하여 모든 학생이 교육 목표에 성공적으로 도달할 수 있도록 한다.

▶ 학교는 학생의 인지적 능력과 정의적 능력에 대한 평가가 균형 있게 이루어질 수 있도록 한다.

▶ 서술형과 논술형 평가 및 수행평가의 비중을 확대한다.

_2015 개정교육과정의 '평가' 내용 중

메이커 교육의 평가는 2015 개정교육과정에서 강조하는 과정 중심 평가와 그 결을 같이합니다. 메이커 교육에서는 수준 높은 산출물을 제출하는 것보다 산출물이 나오기까지 학생들의 사고 과정과 참여 태도, 아이디어를 끌어내는 과정을 더 가치 있게 보며, 또한 그 과정을 평가합니다. 즉 자신의 아이디어를 구체화하기 위해 무언가를 제작하고 개선점을 찾아 수정하고 이를 공유하는 과정에 초점을 맞춥니다.

↤ 종이, ↦

메이커 교육을 만나다

1. 정조의 꿈:
페이퍼크래프트를 활용한
수원 화성 만들기

활동 준비물 :	가위, 풀, 글루건, 수원 화성 페이퍼크래프트 도안
중심 교과: 사회	[6사04-01] 영·정조 시기의 개혁 정치와 서민 문화의 발달을 중심으로 조선 후기 사회와 문화의 변화 모습을 탐구한다.
관련 교과: 미술, 창체	[4미02-06] 기본적인 표현 재료와 용구의 사용법을 익혀 안전하게 사용할 수 있다. [6미02-03] 다양한 자료를 활용하여 아이디어와 관련된 표현 내용을 구체화할 수 있다.

5년 전부터 페이퍼크래프트*를 활용한 수업을 해 왔습니다. 여러 선생님들이 인터넷상에 올려놓은 자료와 다양한 사이트에서 제공하는 무료

✱ 종이 공작 중 하나로 '페크', '종이 모형' 등 다양한 명칭으로 불리나, 이 중 가장 인지도가 높은 단어는 종이 모형 또는 페이퍼크래프트이다. 몇몇 사람들은 종이접기라고 하는데, 종이접기는 풀과 가위를 거의 사용하지 않고 종이를 접거나 구겨서 만드는 것으로 페이퍼크래프트와는 전혀 다르다. _**나무위키**

ICT기기를 활용한 수원 화성 조사

도안을 활용하여 수업을 준비합니다. 처음에는 미술 시간에 작은 페이퍼 크래프트 작품을 만드는 활동을 주로 했지만, 활동이 하나둘 늘어나면서 나도, 아이들도 조금 더 의미 있는 수업을 원하게 되었습니다. 지금까지 했던 것처럼 종이를 이용해 '수원 화성'을 만드는 것으로만 끝나면 종이 접기를 하는 미술 시간과 다를 게 없겠지요. 그래서 정조와 수원 화성이 등장하는 사회 교과의 내용과 연관 지어 수업을 구성하였습니다.

제작 활동을 시작하기 전에 아이들은 미리 수원 화성에 대해 조사합니다. 수원 화성의 역사적 배경을 알고 만드는 것과 모르고 만드는 것은 큰 차이가 있습니다. 조사한 내용을 바탕으로 수원 화성에 대한 보고서를 만듭니다. 보고서를 만들면서 아이들은 사전 지식을 충분히 갖추게 되고, 수원 화성 제작에 조금 더 흥미를 가지고 몰입하게 됩니다.

이제 페이퍼크래프트 무료 도안을 제공하는 캐논 크리에이티브 파크 (Canon Creative Park) 사이트에서 수원 화성의 도안을 출력합니다.

'Canon Creative Park' 사이트로 이동합니다.

'종이 공예', 클릭!

캐논 크리에이티브 파크 사이트

'건축물', 클릭. 그리고 다시 '아시아/오세아니아', 클릭

다양한 모양의 세계 건축물들이 보입니다. 이 중에서 '대한민국 화성', 클릭!

도안과 함께 설명서가 PDF 파일로 제공됩니다. 다운로드!

학교에 있는 플로터를 사용해서 크게 출력합니다. 종이가 얇으면 건축물이 튼튼하게 세워지지 않기 때문에 두께가 있는 종이(흔히 쓰는 A4용지보다 평량이 더 큰 종이)를 사용하는 것이 좋습니다.

도안이 모두 준비되면 본격적인 작업을 시작합니다.

종이를 잘라 순서에 맞춰 조립해 나가며 수원 화성을 건축합니다. 여기서 중요한 것은 적절한 역할 분배입니다. 도안 자르기, 도안 분류하기, 설명서를 보고 어떻게 붙일지 설계하기 등 아이들의 역할을 단계별로 잘 나누어야 건축의 속도가 빨라집니다. 분리된 도안들을 연결하는 데는 풀이나 글루건을 활용합니다.

수원 화성을 제작하는 모습

    수원 화성을 잘 짓기 위해서는 아이들의 지속적인 관심, 끈기, 충분한
재료(학생 인원수만큼의 가위와 글루건, 글루건 심)가 잘 어우러져야 합니다.
아이들에게 그냥 만들어 보라고 하고 교사가 활동에 관심을 갖지 않으면
'아나공 수업'과 크게 다를 것이 없습니다. 아이들과 수원 화성을 왜 만드
는지, 그와 관련된 역사적인 내용은 무엇인지에 대해 지속적으로 이야기
를 나누어야 합니다. 교사의 적절한 발문이 페이퍼크래프트를 활용한 수

수원 화성에 대해 발표하는 아이들

원 화성 만들기 메이커 교육에서 가장 중요한 요소입니다.

수원 화성을 조금씩 완성해 가면서 아이들은 자신이 조사한 수원 화성에 대한 내용을 떠올리며 수원 화성의 각 부분들에 대해 이해합니다.

완성된 수원 화성은 교내 프로젝트 발표회 때 전교생 앞에서 수원 화성을 소개하는 자료로 활용합니다. 또한 교실 뒤 게시판에 수원 화성 제작 프로젝트의 소산물로 함께 전시합니다.

아이들이 하는 모든 활동은 의미가 있어야 그 가치가 살아납니다. 교사가 수업 계획 단계에서부터 의미를 찾지 못하면 활동에 참여하는 아이들 역시 의미를 알지 못한 채 활동에 참여하게 됩니다.

한 가지를 전달하더라도 그 안에 내재된 의미와 가치를 찾으려는 노력이 필요합니다. 의미 있는 수업, 가치 있는 활동이 선생님들의 교실에서 이루어지길 바랍니다.

2. 우리나라의 상징:
우리나라를 상징하는
호랑이 만들기

활동 준비물 :	가위 풀, 글루건, 호랑이 페이퍼크래프트 도안
중심 교과: 미술	〔6미02-03〕 다양한 자료를 활용하여 아이디어와 관련된 표현 내용을 구체화할 수 있다. 〔6미02-06〕 작품 제작의 전체 과정에서 느낀 점, 알게 된 점 등을 서로 이야기할 수 있다.
관련 교과: 사회	〔6사01-01〕 우리나라의 위치와 영역이 지니는 특성을 설명하고, 이를 바탕으로 하여 국토 사랑의 마음과 태도를 기른다.

우리나라를 상징하는 동물은 무엇일까요? 대부분 호랑이를 떠올릴 것입니다. 한반도가 누워 있는 호랑이 형태를 띠고 있기 때문입니다.

조선 시대 무관들은 호랑이 무늬가 새겨진 옷을 입었으며, 조선 시대의 많은 무덤에는 호랑이 석상을 세워 무덤을 지키고자 했습니다. 선조들이 남긴 그림에도 호랑이가 자주 등장하며, 조선의 왕을 호랑이에 비유하기도 합니다. 이렇게 우리에게 친숙한 호랑이를 조선 시대에 대해

48

배우고 있는 아이들과 함께 페이퍼크래프트를 활용해 만들어 봅니다.

호랑이 도안은 캐논 크리에이티브 파크 사이트에서 가져오고, 두 모둠으로 나누어 두 종류의 호랑이를 만듭니다.

1모둠은 민화 속에 등장하는 모습의 호랑이를 제작합니다. 모둠원들은 역할을 나누어 호랑이 몸체의 각 부분을 자르고 글루건으로 고정합니

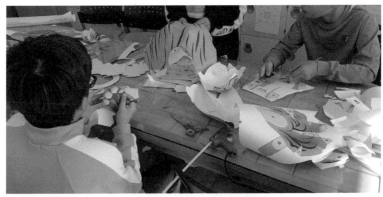

1모둠의 호랑이 제작 모습

다. 이 과정에서 모든 학생들이 활동에 참여할 수 있도록 격려하고 의견을 조정하는 것이 교사의 가장 큰 역할입니다. 아이들은 만들어진 호랑이 얼굴을 자신의 얼굴에도 써 보고 손에도 끼워 봅니다. 이런 자유로움 속에서 배움에 대한 갈망과 집중도가 높아집니다.

호랑이를 다 만들었다고 해서 활동이 끝난 것은 아닙니다. 어쩌면 만드는 활동보다 더 중요한 일이 남아 있습니다. 모둠원들과 협력해서 호랑이를 어디에 전시할지 정하는 것입니다. 학생들은 학교 구석구석을 돌아다니며 호랑이가 어디에 놓이면 좋을지 이야기를 나눕니다.

위치를 선택하는 조건은 두 가지입니다. 첫 번째, 호랑이가 잘 보일 것. 두 번째, 호랑이를 놓았을 때 주변과 잘 어울릴 것. 이런 기준으로 아이들이 찾은 최적의 장소는 본관 정문 입구입니다. 학생들뿐만 아니라 학교 구성원 모두가 자주 오가는 곳이기도 하고, 옆에는 작은 화단이 있어 호랑이가 주변과 잘 어울리는 곳입니다. 아이들은 만드는 것에서 끝나는 것이 아니라 호랑이를 위한 최적의 입지 조건을 함께 찾아냅니다.

2모둠은 아기 호랑이를 만들기로 정합니다. 2모둠의 호랑이는 1모둠의 호랑이보다 조각의 개수가 더 많아 만드는 시간이 오래 걸립니다. 하지만 아이들은 논의 끝에 아기 호랑이를 만들기로 결정합니다. 교사가 만들어야 할 자료를 미리 주었다면 학생들은 고민 없이 만들기 쉬운 호랑이를 선택했을 것입니다. 그러나 고민 없이 만들면 활동에 대한 집중력이 떨어지기 마련입니다. 그리고 학습 활동에 필요한 의사결정의 주도권을 처음부터 교사에게 넘겨주는 결과를 초래하게 됩니다.

이제 아이들은 자르는 역할과 붙이는 역할, 이를 조정하는 역할을 누가 할지 이야기를 나눕니다. 서로의 역량을 가장 잘 알기 때문에 교사가 정해 주는 것보다 훨씬 효과적으로 각자의 역할을 나눕니다. 그리고 서로의 부족한 점을 보완하며 빠르게 작품을 만들어 갑니다.

호랑이 도안도 수원 화성을 만들 때와 같이 캐논 크리에이티브 파크

2모둠의 호랑이 제작 모습

의 도안을 이용했는데, 캐논은 알다시피 일본 회사입니다. 그래서 사이트에 공개된 도안 중에 일본 고유의 것이 많습니다. 특히 일본 건축물의 비중이 높습니다. 안타깝게도 우리나라 건축물은 수원 화성 하나뿐입니다. 아이들과 조선에 대해 배우고 있기에 남대문, 경복궁 등도 만들고 싶었습니다. 그래서 사이트에 올라온 도안을 샅샅이 찾아보았지만, 아쉽게도 우리나라 건축물 도안은 수원 화성밖에 없었습니다. 이런 아쉬움에 대해서도 수업 시간에 함께 이야기를 나누었습니다. 아이들은 아쉬운 마음, 섭섭한 마음, 화난 마음 등을 표현합니다. 동시에 자기들이 대한민국을 상징하는 건축물 도안을 만들겠다는 이야기도 합니다.

만드는 것에서 끝나는 것이 아닌, 우리 사회가 가지고 있는 다양한 문제들에 대해서도 함께 고민해 보는 것이 교실에서 펼쳐 가는 메이커 교육의 올바른 방향입니다.

모든 상황에서 자신의 생각을 갖는 것이 중요합니다. 남들의 생각에 휩쓸리는 것이 아니라. 문제점을 발견하고 이를 자신의 생각과 비교하며 결정해야 합니다. 그리고 끊임없이 스스로에게 묻고 또 물어야 합니다. 우리 학생들이 이렇게 묻고 답하며 발전하는 사람들이 되었으면 좋겠습니다. 그래서 10년 후에는 대한민국의 멋진 인재가 되어 있기를 바랍니다.

3. 한국의 위인들:
슈링클스를 활용한
역사 인물 만들기

활동 준비물 :	사인펜, 슈링클스, 미니 오븐, 면장갑, 열쇠고리
중심 교과: 미술	[6미01-05] 미술 활동에 타 교과의 내용, 방법 등을 활용할 수 있다. [6미02-01] 표현 주제를 잘 나타낼 수 있는 다양한 소재를 탐색할 수 있다. [6미02-05] 다양한 표현 방법의 특징과 과정을 탐색하여 활용할 수 있다.
관련 교과: 사회	[6사04-04] 광복을 위하여 힘쓴 인물(이회영, 김구, 유관순, 신채호 등)의 활동을 파악하고, 나라를 되찾기 위한 노력을 소중히 여기는 태도를 기른다.

슈링클스는 오븐에 넣으면 단단한 플라스틱으로 변하는 신기한 종이입니다. 예전에도 슈링클스를 활용한 수업을 해 봤지만, 똑같이 하지 않고 수업 방법에 조금 변화를 주어 봤습니다.

　슈링클스 키트에는 어떤 순서와 방법으로 슈링클스를 활용해야 하는지 자세하게 소개되어 있습니다. 종이를 굽는 적절한 온도도 제시되어 있습니다. 하지만 설명서를 아이들에게 바로 나누어 주지 않습니다. 설명서를 바로 나누어 주면 아이들은 설명서라는 틀에서 쉽게 벗어나지 못합니다. 아이들이 스스로 모둠원들과 함께 슈링클스가 무엇인지, 어떻게 활용하는지, 온도는 몇 도로 맞추어야 하는지, 오븐을 사용할 때 주의해야 할 사항은 무엇인지를 찾아서 기록하게 해야 합니다.

교사가 이런 내용을 먼저 제시하면, 아이들은 빨리 만들 수는 있지만 금세 잊어버립니다. 친구들과 이야기하며 협력해서 문제를 해결할 수 있는 기회도 많이 줄어듭니다. 아이들은 학습지를 해결하기 위해 포털 사이트, 블로그, 유투브 등에서 정보를 찾고 해결 방법을 스스로 알아냅니다. 여기서 중요한 것은 친구들과의 협력입니다. 혼자 작품을 만드는 것도 가능합니다. 하지만 메이커 교육에서는 '같이'의 가치를 중요하게 생각합니다. 자신이 찾은 정보를 친구와 공유하며 수정, 보완, 발전시키는 과정이 필요합니다.

사회 시간에 우리나라 역사에 대해 배우고 있는 아이들을 위해 다소 어려운 역사를 슈링클스와 접목하면 더 재미있게 공부할 수 있지 않을까 하는 생각으로 수업을 준비합니다.

아이들은 자신이 알고 있는, 혹은 교과서에서 배운 역사 속 인물에 대해 조사합니다. 그리고 슈링클스 활용 방법을 머릿속에 떠올리며 학습지를 해결합니다. 그런 다음 자신이 선택한 인물을 슈링클스에 그립니다. 역사 인물 그림이나 사진을 보면서 따라 그리는 아이도 있고, 역사 인물 그림 위에 슈링클스를 올려놓은 후 본을 뜨는 아이도 있습니다. 어떤 방법이든 모두 허용합니다. 아이들은 자유로운 메이커가 되어 자신만의 작품을 만들어 갑니다.

도안이 완성되었으면 모양대로 자르고, 고리를 걸 수 있도록 펀치로 구멍을 뚫습니다. 여기까지 하면 밑 작업이 끝납니다. 이제 가장 중요한 작업이 남았습니다. 바로 오븐에 굽는 것입니다.

아이들이 사전에 조사한 오븐 온도가 조금씩 다릅니다. 오븐의 예열 시간도 고려해야 하기에 조사 결과들에 차이가 생긴 것입니다. 또한 얼마의 시간 동안 슈링클스를 구울지도 저마다 생각이 다릅니다. 아이들은 서로 다른 의견으로 옥신각신하며 작업에 들어갑니다. 이야기하는 동안 생각의 차이가 조금씩 좁혀집니다. 상대방의 말을 듣고 내 생각과 비교하며 수정, 보완해 가는 과정에서 아이들의 생각이 조금씩 자라게 됩니다.

오븐 온도와 시간을 조절한 뒤 슈링클스를 오븐에 넣어 굽습니다. 슈링클스의 크기가 작아지면 오븐에서 꺼냅니다.

1 슈링클스에 대해 조사·기록하기

2 역사 속 인물 그리기 - 보고 그리기

2 역사 속 인물 그리기 - 본뜨기

3 슈링클스를 오븐에 굽기

Part 2 종이, 메이커 교육을 만나다

오븐에서 꺼낸 슈링클스는 꾹꾹 눌러 줍니다. 이때 백과사전 같은 무거운 책을 활용해도 좋습니다.

이렇게 해서 잘 펴진 슈링클스 역사 인물 작품에 고리를 끼우면, 드디어 완성입니다.

4 완성된 슈링클스 작품 전시하기

처음에는 슈링클스가 오븐에 들러붙는 경우도 발생합니다. 오븐에서 꺼낸 슈링클스 작품이 쭈글쭈글해진 채 제대로 펴지지 않거나 작품에 구멍이 나기도 합니다. 하지만 이런 실패 속에서 아이들은 더 많이 고민하고 더 나은 방법을 찾습니다.

이런 고민들과 중간중간 이어지는 교사의 격려 속에서, 작품은 만들어질 때마다 조금씩 나아지고 완성도가 높아집니다. 준비부터 제작 과정까지 모든 것을 아이들이 이끌어 나가면서 의견의 대립도 있고 작품 제작에 실패하기도 합니다. 하지만 아이들은 이 과정에서 친구와 협력하는 방법, 스스로 문제를 해결하는 방법, 필요할 때 누군가에게 도움을 요청하는 방법 등을 배워 나갑니다.

아이들은 이 넓은 세상에서 많은 것들을 스스로 찾아내고 결정해야 합니다. 그리고 여러 사람과 협력해야 합니다. 이를 학교에서 배우지 않으면 세상에 나가 더 큰 어려움을 겪을 수 있습니다. 미리 교실에서 이런 경험을 한다면 세상 속에서 자신의 꿈을 펼쳐 나갈 때 마음을 덜 다치면서 목표한 바에 조금 더 빨리 이를 수 있으리라 생각합니다.

슈링클스를 활용한 역사 인물 만들기 수업 과정을 보며, 이런 생각을 할 수도 있을 것입니다.

"아이들이 모든 것을 계획하고 작품 제작도 직접 다 한다면 선생님의 역할은 무엇인가요?"

교사가 하는 것은 사실 별것 없습니다. 학생들의 수업 활동을 옆에서 지원할 뿐입니다. 슈링클스와 완성된 작품을 매달 고리를 구입하고, 학습지를 만들고, 급식실에 있는 오븐을 교실로 옮겨 놓습니다. 아이들이 젓가락만으로 뜨거운 오븐에서 작품을 꺼내기 어려울 것을 예상해 장갑을 준비하고, 작품을 누를 때 사용할 두꺼운 책 두 권을 준비해 놓고, 작품을 걸 수 있게 자석을 칠판에 미리 붙여 놓습니다. 수업 중에는 아이들의 질문에 답해 주고, 혹시 펀치로 구멍을 뚫지 않고 오븐에 작품을 넣는 아이들이 있다면 이를 발견해서 다시 안내해 주고, 고리를 작품에 끼우지 못하는 아이들을 도와주고, 뜨거운 오븐에 데지 않도록 매의 눈으로 지켜봅니다.

갑자기 교실을 나가는 아이를 발견하면 어디 가는지 묻고, "선생님, 못 만들겠어요."라고 하며 포기하려는 아이가 있으면 다독이며 '할 수 있다'고 자신감을 팍팍 심어 줍니다. 옆에서 조용히 지켜보다가 슈링클스를 자르거나 뚫거나 누르는 것에 어려움을 이야기하면 순식간에 다가가서 도와줍니다.

교사가 하는 것이 별것 없는 수업이지만, 수업이 끝나고 나면 심히 피곤합니다. 쉬는 시간에는 쉬고 싶지만, 아이들은 나를 가만히 두지 않습니다. 계속해서 묻고 또 묻습니다. 이제 1, 2교시 수업이 끝났습니다. 교사가 별것 안 하는 네 시간의 수업이 기다리고 있습니다. 그래도 나의 교사 인생 처음이자 마지막이 될, 2010년 1학년을 가르쳤던 9년 전을 떠올리며 지금이 행복하다고 스스로를 다독입니다. 힘을 냅니다.

지금이 그때보다 더 나으니까요.

4. 손이 불편한 사람을 도와줘요:
메커니컬 핸즈 만들기

활동 준비물 :	가위, 칼, 자, 사인펜, 하이보드지, 털실, 고무줄, 플라스틱 고리
중심 교과: 미술	[4미01-04] 미술을 자신의 생활과 관련지을 수 있다. [4미03-03] 미술 작품에 대한 자신의 느낌과 생각을 발표하고, 그 이유를 설명할 수 있다. [6미02-02] 다양한 자료를 활용하여 아이디어와 관련된 표현 내용을 구체화할 수 있다. [6미02-06] 작품 제작의 전체 과정에서 느낀 점, 알게 된 점 등을 서로 이야기할 수 있다.
관련 교과: 도덕	[6도03-01] 인권의 의미와 인권을 존중하는 삶의 중요성을 이해하고, 인권 존중의 방법을 익힌다.

디자인이란 뭘까요? 옷, 패션, 예쁘게 꾸미는 것, 집짓기를 위한 설계? 맞습니다. 이 모든 것이 디자인입니다. 그렇다면 혹시 유니버설 디자인(universal design)*에 대해서는 들어 본 적이 있으신가요?

재작년에 6학년 아이들과 유니버설 디자인을 적용한 '더불어 사는 세상' 프로젝트 수업을 했습니다. 유니버설 디자인은 단순히 물건을 만드는 것이 아니라, 모든 사람을 더 편하게 하는 세상을 목표로 무언가를 만드는 것입니다. 이는 문제점을 찾아 보완하고 발전시키는 메이커 교육의 목표와도 일맥상통합니다.

우리는 도덕 시간에 인권과 장애 문제에 대해 배우고 나서 메커니컬 핸즈를 만들기로 했습니다. 메커니컬 핸즈를 만들기 위해서는 먼저 고민해야 할 것이 있습니다. 여러 가지 도구를 활용해 메커니컬 핸즈를 만들어 보는 데 그치지 않고, 손이 불편한 사람들의 힘든 점을 함께 고민하고 이를 해결하는 방법을 다각도에서 찾아보는 것입니다. 이런 고민 속에서 아이들은 다른 사람의 아픔에 공감할 수 있게 됩니다.

메커니컬 핸즈 만들기 수업을 하기 전날, 아이들에게 학습지를 하나 나누어 줍니다. 아이들은 집에서 위두랑(학급 홈페이지 역할을 하고 있는 사이트)에 올려진 두 개의 영상을 본 후 학습지에 그 내용을 기록합니다.

첫 번째 영상은 손이 불편한 사람들을 위해 개발된 장갑에 관련된 영상입니다. 두 번째 영상은 메커니컬 핸즈를 만드는 과정을 설명해 주는 영상입니다.

아이들은 두 종류의 영상을 본 후 학습지를 해결합니다. 학습지에 자신이 새로 배운, 또는 알아낸 지식과 정보를 기록하면서 수업 시간에 어

✖ 제품, 시설, 서비스 등을 이용하는 사람이 성별, 나이, 장애, 언어 등으로 제약을 받지 않도록 설계하는 것이다. 흔히 '모든 사람을 위한 디자인', '범용 디자인'이라고 부른다. 최근에는 공공 교통수단의 손잡이, 일용품이나 서비스, 또 주택이나 도로의 설계 등 넓은 분야에서 쓰이는 개념이다. _위키백과

떤 활동을 하는지, 어떤 절차로 메커니컬 핸즈를 만드는지, 주의 사항은 무엇인지 등을 미리 파악하게 됩니다. 따라서 수업 시간에는 긴 설명 필요 없이 바로 활동에 들어갈 수 있습니다.

아이들은 먼저, 메커니컬 핸즈 제작에 필요한 도구를 준비합니다. 그런 다음 모둠별로 모여 서로의 학습지를 보며, 어떻게 메커니컬 핸즈를 만들지 이야기를 나눕니다. 아이들이 이야기를 충분히 나누는 과정은 아주 중요합니다. 친구들과 서로의 생각을 이야기하는 중에 문제를 해결할 수 있는 아이디어를 얻고, 각자의 부족한 점을 보완해 보다 완성도 높은 작품을 만들 수 있기 때문입니다. 또한 친구와 이야기하는 중에 머릿속으로 작품을 만들며 오류도 수정할 수 있습니다. 작품을 제작하는 것도 중요하지만 그보다 더 관심을 가져야 할 부분이 바로 이 과정입니다.

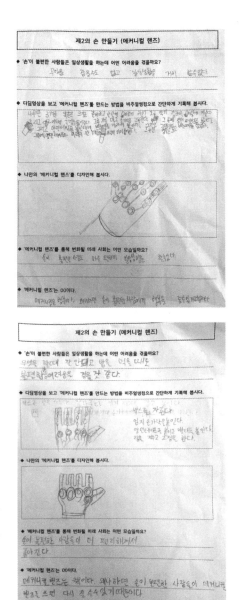

아이들이 기록한 학습지

60

이제는 스케치 작업입니다. 모둠원 중 한 명이 하드보드지 위에 손을 올려놓으면 다른 아이 한 명이 본을 뜹니다. 여기서 주의해야 할 점은 손목까지 그려야 한다는 것입니다. 손목이 너무 짧으면 지지를 해 주지 못하기 때문에 결과적으로 물건을 집을 수 없게 됩니다. 이 점을 미처 생각하지 못하고 손목을 짧게 만드는 아이들이 많은데, 그럴 때는 발문을 통해 아이들 스스로 오류를 발견하고 수정할 수 있도록 도와줍니다.

본을 뜬 후에는 하드보드지를 자르고 손가락이 구부러질 수 있도록 실과 빨대를 활용해 관절을 만들어 줍니다. 관절이 제대로 구부러져야 물건을 집기 편합니다. 그러나 아이들은 이 부분도 잘 모를 수 있기 때문에, 관절을 만든 후 실제로 손을 끼워 물건을 집는 과정을 반복해 봐야 합니다. 그래야 물건을 집어 올리기에 적절한 관절의 길이와 두께, 꺾이는 각도 등을 아이들 스스로 찾아낼 수 있습니다. 이와 같이 제작, 수정, 보완의 과정을 반복하며 보다 완성도 높은 메커니컬 핸즈를 만들 수 있게 됩니다.

메커니컬 핸즈의 형태가 어느 정도 갖추어지고 물건을 집어 올릴 수 있는 단계가 되면, 페트병을 한쪽에서 다른 한쪽으로 옮겨 보며 관절의 움직임, 물건을 집는 악력, 손목 고정 위치 등을 살펴봅니다. 실제 연습을 통해 아이들은 자신의 모둠에서 제작한 메커니컬 핸즈의 단점을 파악하고 보완합니다.

예를 들어 아이들은 메커니컬 핸즈로 물건을 집을 때 페트병이 흘러내리는 것을 발견합니다. 이 문제를 해결하기 위해 아이들은 서로 이야기를 나눕니다.

1 메커니컬 핸즈에 대해 이야기 나누기

2 메커니컬 핸즈 제작하기

3 메커니컬 핸즈로 페트병 잡기

4 오류를 수정하거나 보완하기

"어떻게 하면 페트병이 흘러내리지 않을까?"

"페트병이 미끄러지지 않게 손가락에 고무줄이나 테이프를 감는 게 어때?"

아이들은 관찰과 대화를 통해 자신이 가지고 있는 선경험을 바탕으로 정보를 구성하고 해결책을 찾아냅니다. 결국 메커니컬 핸즈의 손가락 끝에 고무줄을 감아 페트병이 흘러내리지 않도록 보완합니다.

보완 작업이 끝나면 다시 연습을 해봅니다. 이러한 과정의 반복을 통해 보다 정교한 메커니컬 핸즈를 만들 수 있으며, 물건을 집어서 원하는 곳으로 옮길 수 있는 세밀한 기술을 습득하게 됩니다.

완성품 메커니컬 핸즈로 물건을 집는 연습을 했다면 아이들은 이런 문제점을 발견하고 해결하는 방법을 깊게 고민하지 못했을 것입니다. 하지만 구상, 설계, 제작, 보완의 모든 과정을 친구들과 함께 했기에 주체적 협업을 통한 문제 해결이 가능해집니다.

충분히 연습한 후에는 페트병 여섯
개를 누가 더 빨리 옮기는지 시합을 합
니다. 처음에는 페트병 한 개도 제대로
옮기지 못했지만, 여러 번의 연습과 보
완 작업을 통해 빠른 시간에 여섯 개의

⑤ 보완 후 다시 페트병 옮기기

페트병을 모두 옮깁니다. 자신이 만든 제품을 사용하기 때문에 더 몰입
해서 참여합니다.

수업의 마무리는 '메커니컬 핸즈는 ○○이다'란 주제로 서로 이야기하
는 시간을 갖습니다. 매커니컬 핸즈를 만드는 것에서 끝나지 않고, 손이
불편한 사람들에 대해서 한 번 더 고민하는 시간을 갖습니다.

모든 모둠이 메커니컬 핸즈를 만드는 데 성공한 것은 아닙니다. 다섯

◆ '메커니컬 핸즈'는 ○○이다.

메커니컬 핸즈는 꿈이다. 왜나하면 손이 불편한 사람들이 메커니컬
핸즈를 쓰면 다시 잘 쓸수 있기때문이다.

◆ '메커니컬 핸즈'는 ○○이다.

메커니컬은 행복아. 왜냐하면 손이 불편한 사람에게 행복을 줄수있기때문이야.

◆ '메커니컬 핸즈'는 ○○이다.

매커니컬 핸즈는 극복이다.

학습지 – '메커니컬 핸즈'는 ○○이다.

모둠 중 두 모둠만 물건을 옮길 수 있는 메커니컬 핸즈를 만드는 데 성공했습니다. 나머지 모둠의 메커니컬 핸즈는 관절은 움직이지만 물건을 집을 수 있을 만큼 충분한 힘이 없거나, 손목 지지가 제대로 되지 않아 물건을 들어 올릴 수 없었습니다. 하지만 아이들은 실패를 통해서도 분명히 배우는 것이 있습니다. 스스로 고민하고 친구와 협력하여 제작하는 과정 속에서 메이커 교육의 '아하! 모먼트'가 일어날 수 있습니다.

상현달 선생님의 Think, Talk!

아이들은 앞으로 사회에 나가 많은 시련과 실패를 경험하게 됩니다. 혼자 힘으로 이겨 내지 못할 때는 누군가의 도움을 받게 됩니다. 그런 도움을 감사하게 받을 수 있는 마음의 자세도 필요합니다. 포기하지만 않으면 모든 실패의 과정은 나를 성장시키는 데 도움이 됩니다.

자신이 만든 메커니컬 핸즈로 비록 물건을 집어서 옮길 수는 없었지만, 그래도 아이들은 자신만의 메커니컬 핸즈를 제작했습니다. 이렇게 노력한 결과물이 있는데, 단순히 물건을 옮기지 못했다는 이유로 실패했다고 단정할 수 있을까요? 그건 아닐 것입니다.

아이들은 세상에 하나뿐인 자신만의 메커니컬 핸즈를 만들었고, 실패를 반복하면서 문제를 해결하는 방법을 깨닫게 되었습니다. 이것보다 더 의미 있는 배움은 없을 것입니다.

5. 반짝반짝 빛나요:
LED를 활용한 작품 만들기

활동 준비물 :	종이, 색연필, 다이오드, 3볼트 리튬 건전지, 구리 테이프
중심 교과: 미술	[6미01-05] 미술 활동에 타 교과의 내용, 방법 등을 활용할 수 있다. [6미02-02] 다양한 발상과 방법으로 아이디어를 발전시킬 수 있다. [6미02-03] 다양한 자료를 활용하여 아이디어와 관련된 표현 내용을 구체화할 수 있다.
관련 교과: 과학	[6과13-01] 전지와 전구, 전선을 연결하여 전구에 불이 켜지는 조건을 찾아 설명할 수 있다.

전기는 일상생활에서 빼놓을 수 없는 요소입니다. 하지만 눈에 보이지도 않고 냄새도 없어서 알고는 있지만 설명하기는 어렵습니다. 그래서 오늘은 LED(발광 다이오드)와 구리 테이프, 3볼트 건전지를 이용해 전기에 대해 알아보도록 합니다.

　전기는 영어 단어의 기원인 그리스어 '일렉트론(electron)'에서 출발합니다. 약 2600년 전, 보석류인 호박에 먼지가 달라붙은 것을 신기하게 여긴 그리스의 철학자 탈레스에 의해 처음으로 정전기의 개념이 등장합니다.

전기에 대해 알아보기 위해 유투브에 탑재된 종이 전자회로(국립과천과학관 창작공방 제작) 동영상 자료를 활용합니다. 영상을 보고 아이들은 LED, 구리 테이프, 건전지를 연결하면 LED에 불이 켜진다는 것을 확인합니다.

피카소는 "훌륭한 화가는 모방하고 위대한 화가는 훔친다."라고 하며 예술을 창조하려는 시도를 비롯해 예술 전반에서 모방이 핵심적인 역할을 한다고 말했습니다. 또한 아리스토텔레스는 "모방은 창조의 어머니"라고도 말했습니다. 여기서 모방은 남의 것을 그대로 베끼라는 의미가 아닙니다. 상대방의 좋은 점을 받아들이고 자신만의 아이디어를 보태어 새로운 작품을 만드는 것을 의미합니다. 이것이 바로 벤치마킹이며, 메이커 교육에서 중요하게 다루어야 할 점입니다. 아이들은 벤치마킹의 정확한 의미를 이해한 후 다른 학교 학생들이 만든 작품을 영상에서 확인합니다.

구상이 끝나면 스케치를 시작합니다. 스케치를 할 때는 어느 부분에 LED가 들어갈지 친구들과 이야기를 나누는 시간이 필요합니다. LED에 불이 들어올 수 있도록 만드는 것이 핵심입니다. 아이들은 작품을 만들기 위해 교실에 있는 종이와 매직, 색연필 등을 사용합니다. 또한 메커니컬 핸즈, 트러스 구조, 거북선 만들기, 웜기어를 활용한 로봇 만들기 등에 사용하고 남은 튼튼한 하드보드지도 재활용합니다. 교실에 있는 모든 것들이 메이커 교육의 재료가 됩니다. 아이들의 사고력을 향상시킬 수 있다면 작은 지우개까지도 메이커 교육에서는 훌륭하게 활용될 수 있습니다.

이제 가장 중요한 작업이 남았습니다. LED와 구리 테이프, 건전지를 활용해 불이 켜지도록 하는 것입니다. 재료를 사용해 LED에 불이 들어오는 작품을 쉽게 만들 수 있을 거라는 예상과 달리 아이들은 여러 가지 난관에 부딪힙니다.

어떤 아이들은 구리 테이프를 사용하지 않고 바로 LED와 건전지를 연결해서 불이 들어오게 만듭니다. 하지만 구리 테이프를 사용하지 않았기에 작품의 크기와 완성도에 문제가 발생합니다.

그리고 더 중요한 문제에 봉착하게 됩니다. 분명, 어떤 모둠은 LED와 건전지를 바로 연결하여 불이 들어왔습니다. 반면, 어떤 모둠은 똑같은 재료와 방법으로 LED와 건전지를 연결했지만 불이 들어올 기미가 보이지 않습니다.

1 다른 사람들의 작품 찾아보기

2 밑그림 그리기

3 LED와 건전지 연결하기

4 LED에 불이 켜지는 작품 완성!

왜 그럴까요?

정답은 바로 가르쳐 주지 않습니다. 쉽게 얻은 답은 쉽게 잊어버립니다. 조금 시간이 걸리더라도 스스로 고민하고 친구와 이야기를 나누며 답을 얻으면 그 기억은 오래도록 남게 됩니다. 아이들은 한동안 LED와 건전지를 유심히 바라봅니다. LED에 불이 켜진 것과 비교하며 꼼꼼하게 들여다봅니다. 그리고 시끌벅적하게 이야기합니다.

"아하! 찾았다!"

'아하! 모먼트'가 일어나는 순간입니다. LED는 다리가 긴 쪽이 있고 짧은 쪽이 있습니다. 다리가 긴 쪽을 건전지의 (+)극에 연결해야 불이 들어옵니다. 아이들은 이 사실을 다양한 정보와 자료, 대화 속에서 찾아냅니다. 교사로서 나는 아이들이 흥미가 떨어지지 않도록 더 많은 촉진과 격려를 해 줍니다.

아이들에게 나누어 준 LED는 빨강, 노랑, 초록 등 세 종류입니다. 재료를 받은 아이들은 LED의 불을 켜 보면서 빨간색 LED는 활용하기에 문제가 있다는 것을 발견합니다. 빨간색 LED는 자체 색이 진해서 불이 들어왔는지, 들어오지 않았는지 쉽게 확인되지 않습니다. 아이들은 스스로 문제점을 파악해 빨간색 LED를 다른 색으로 바꾸는 해결책을 찾아냅니다. LED에 불이 들어오게 하는 방법, 구리 테이프를 연결하는 방법 을 정확하게 이해하지 못한 아이들은 다시 한 번 관련 동영상을 보며 작품 제작에 집중합니다. 아이들은 이처럼 실패와 반복의 과정을 거치며 자연스럽게 스스로 학습합니다.

"제대로 하고자 한다면 시간이 한없이 부족하고, 게으름을 피우고자 한다면 한없이 남아돌 것이다."라는 말이 있습니다. 메이커 활동에 참여하는 아이들의 모습을 단적으로 보여 주는 말입니다. 열심히 작품을 제작하는 아이들은 항상 시간이 부족합니다. 반대로 대충 참여하는 아이들은 항상 시간이 남습니다. 따라서 게으름을 피우고 열심히 참여하지 않는 아이들도 학습 활동의 주도자가 될 수 있도록 매의 눈을 가진 교사가 되어야 합니다. 그리고 아이들의 수준에 맞추어 적절한 피드백과 과제를 제시해 주어야 합니다.

아이들에게 얼마만큼 배움이 일어났는지는 정확히 알 수 없습니다. 하지만 20세기 대표적 교육사상가인 브라질의 파울로 프레이리는 "배움이 없는 가르침은 상상할 수 없다."고 말했습니다. 선생님과 함께하는 한 차시 수업에서 작은 배움이라도 일어났다면 그것보다 더 의미 있는 교육은 없을 것입니다.

3 Part

↤ 건축, ↦

메이커 교육을
만나다

1. 삼각형의 비밀:
트러스 구조를 활용한 탑 만들기

활동 준비물 :	가위, 칼, 글루건, 종이 상자, 테이프, 빨대
중심 교과: 실과	[6실05-04] 다양한 재료를 활용하여 창의적인 제품을 구상하고 제작한다.
관련 교과: 미술, 사회	[6미02-03] 다양한 자료를 활용하여 아이디어와 관련된 표현 내용을 구체화할 수 있다. [6사03-02] 불국사와 석굴암, 미륵사 등 대표적인 문화유산을 통하여 옛사람들이 이룩한 문화의 우수성을 탐색한다.

트러스* 구조는 일상생활에서 많이 사용되는 구조 중 하나입니다. 하지만 관심을 가지고 눈여겨보지 않으면 찾기 어려운 구조이기도 합니다. 오늘은 아이들과 함께 우리 주변에 많이 있지만 눈에는 잘 보이지 않는

---

* 트러스(truss)란 여러 개의 직선 부재들을 한 개 또는 그 이상의 삼각형 형태로 배열하여 각 부재를 절점에서 연결해 구성한 뼈대 구조를 뜻한다. _위키백과

트러스 구조를 활용해 건축한 다리(출처: 픽사베이)

트러스 구조에 대해 알아보고, 트러스 구조를 활용해 튼튼한 구조물을 만들어 봅니다.

일반적으로 트러스 구조를 배우는 수업은 다리를 만들어 무게를 지탱해 보는 흐름으로 진행합니다. 물론 이 내용도 메이커 교육의 흐름에 적합합니다. 하지만 여기에 한 가지 더 중요한 내용을 추가합니다. 바로 '어떤 과목의 어떤 내용과 연관시킬 것인가?'입니다. 메이커 교육은 학생이 주도적으로 주제를 정하고 문제를 해결하며 결과물을 완성하는 학생 중심 교육입니다. 따라서 어떤 과목과 연관시켜 작품을 제작할지 아이들과 이야기를 나누는 활동을 거치는 것이 중요합니다.

현재 우리 반은 사회 시간에 우리나라 역사를 배우고 있습니다. 우리나라 역사에 관심이 많은 아이들이기에 역사 수업과 트러스 구조를 연관시키면 좋겠다는 이야기를 합니다. 그런데 사회 시간에 무언가를 만드는 것은 시간상 제한점이 있습니다.

"사회 수업 시간이 충분하지 않은데 어떡하지?"

"그러면, 실과 시간을 이용하면 좋을 것 같아요."

회의를 통해 트러스 구조를 활용하여 작품을 만드는 활동은 실과 시간에 하고, 작품 주제는 역사 수업에서 배운 건축물로 하면 좋겠다는 결론을 내립니다.

이 수업 전에 우리는 우리나라 화폐를 활용해 수업을 했습니다. 자세히 다루지 않았지만, 그때 아이들과 이야기 나누었던 것 중 하나가 동전이었습니다. 나는 동전을 꺼내 아이들에게 보여 줍니다.

"10원짜리 동전에 있는 건축물을 살펴보겠습니다. 여기에 있는 건축물은 무엇일까요?"

아이들이 대답을 못 하고 있어 질문 하나를 더 던집니다.

"10원짜리 동전에 있는 건축물은 석가탑일까요? 다보탑일까요?"

1 디딤영상 시청하기

2 친구들과 생각 나누기 – 판서 활용

2 친구들과 생각 나누기 – 인터넷 자료 활용

3 트러스 구조 탑 제작하기 – 다보탑

❸ 트러스 구조 탑 제작하기 - 석가탑

❹ 완성된 석가탑과 다보탑

그제야 아이들은 석가탑과 다보탑 중 하나를 선택해 이야기합니다.

이와 같이 동전에서 아이디어를 얻어 트러스 구조를 활용한 석가탑과 다보탑 만들기 활동을 구성합니다.

아이들에게 트러스 구조는 친숙하지 않습니다. 트러스 구조를 처음 접하는 아이들이 대다수입니다. 그래서 작품 제작에 들어가기 전에 YTN 사이언스 채널에서 제작한 〈삼각형을 이용한 구조물이 많은 이유는?〉과 EBS 프로그램 〈에펠탑의 비밀 3부–안전한 건물을 지으려면〉을 시청합니다.

메이커 교육에서는 아이들이 주도적으로 활동에 참여하여 자신의 아이디어를 결과물로 제작합니다. 따라서 먼저 각 모둠에서 상의를 통해 석가탑을 만들지, 다보탑을 만들지 정합니다. 그런 다음에 선정한 탑에 대해 조사하고, 이렇게 조사한 내용을 바탕으로 어떻게 만들 것인지 모둠원들과 이야기를 나눕니다. 모둠 내에서 생각이 일치하지 않을 때는 논의가 길어지기도 합니다. 하지만 아이들 스스로 주체가 되어 참여할 때 오히려 더 빠르게 작품을 제작하고 완성도도 높은 경우를 많이 보았습니다. 작품을 제작하기 전 아이들에게 이야기할 시간을 충분히 주는 것이 중요합니다. 작품 제작 과정에 대해 이야기를 나눈 후에는 필요한 재료를 챙기고 어디서 만들 것인지 정한 후 작품 제작에 들어갑니다.

석가탑과 다보탑의 실제 높이는 10미터가 넘습니다. 탑이 높다는 건 알았지만, 이 정도인 줄은 나와 아이들 모두 새롭게 알게 되었습니다. 직접 조사하고 만들어 보지 않았다면 몰랐을 사실입니다.

처음에 아이들은 탑을 실물 높이인 10미터로 만들려고 했습니다. 하지만 10미터 높이로 탑을 쌓아 올리는 것은 현실적으로 어렵다는 것을 깨닫습니다. 그래서 10미터까지는 아니지만, 자신들의 키를 훌쩍 뛰어넘는 높이의 탑 제작에 도전합니다.

아이들은 석가탑과 다보탑의 높이, 그 안에 새겨진 섬세한 문양들을 보며 장인들의 노력과 실력에 다시 한 번 감탄합니다. 또한 탑을 만들기 위해 얼마나 많은 땀방울을 흘렸을지도 짐작해 봅니다.

탑을 만들어 보는 간접 체험을 통해 트러스 구조를 배웁니다. 그뿐 아니라 조상들이 남긴 유물과 유적들을 살펴보며 조상들의 위대함을 떠올리고, 더 나아가 '그것들을 만들기 위해 얼마나 고생했을까?' 하는 공감과 측은지심, 존경의 마음을 갖게 되었다면 결과물이 좋고 나쁨을 떠나 의미 없이 보낸 수업 시간은 아닐 것입니다.

유물을 보며 조상들의 마음을 엿보고 공감할 수 있는 아이들이 되었으면 좋겠습니다. 사람의 생각을 읽고 공감하는 마음, 서로의 불편함에 민감하며 배려하는 마음, 도움을 받으면 고마워할 줄 아는 마음, 상대방의 어려움을 보고 도움을 줄 수 있는 마음, 친구의 아픔을 보고 함께 눈물 흘릴 수 있는 마음. 이런 마음을 가진 아이들이 되었으면 좋겠습니다.

Part 3 건축, 메이커 교육을 만나다

2. 얼마를 버틸까?:
탑을 활용해 킬로그램, 톤에 대해 알아보기

활동 준비물 :	가위, 칼, 글루건, 종이 상자, 테이프, 빨대, 국어사전
중심 교과: 수학	[4수03-10] 실생활에서 무게를 나타내는 새로운 단위의 필요성을 인식하여 1톤의 단위를 안다.
관련 교과: 과학	[4과09-01] 일상생활에서 물체의 무게를 측정하는 예를 조사하고 무게 측정이 필요한 이유를 설명할 수 있다.

교실에서 만들어진 많은 작품들은 큰 의미 없이 가정으로 바로 보내지거나 버려지는 경우가 많습니다. 메이커 교육에서 나온 작품은 아이들의 주도적인 활동으로 만들어진 결과물입니다. 작품 하나하나에 아이들의 생각과 고민, 노력이 깃들어 있는 경험의 집합체입니다. 따라서 지난 시간에 아이들이 제작한 소중한 석가탑과 다보탑을 교실 한쪽에 잘 보관합니다. 그리고 수학 시간에 무게 단위를 공부하면서 한 번 더 활용합니다.

아이들은 수학 시간에 무게 단위인 킬로그램(kg)과 톤(t)을 배우고 있습니다. 트러스 구조는 잘 무너지지 않는 튼튼한 구조입니다. 따라서 고층 건물이나 무거운 무게를 지탱하는 다리와 같은 구조물에 사용됩니다. 이런 특징을 가지고 있는 트러스 구조를 무게 단위에 대해 배우는 수학 시간에 적용하면 좋겠다는 생각을 합니다. 하지만 아무리 트러스 구조를 적용했어도 종이와 빨대, 글루건으로 만든 석가탑과 다보탑이 100킬로그램 이상의 무게를 견뎌 내기는 어렵습니다. 하물며 수학 교과에서 배우는 1톤은 어림도 없을 것입니다.

먼저 아이들과 함께 1톤이 어느 정도의 무게인지 알아봅니다. 교실에 있는 여러 가지 물건들의 무게와 아이들 각자의 몸무게를 활용하여 1톤이 어느 정도 될지 추정해 봅니다. 이를 통해 1톤이 아주 무겁다는 것을

아이들이 기록한 1톤 예상 학습지

간접적으로 알게 됩니다. 아이들은 예상과 관찰을 통해 자신의 선지식과 경험을 총동원하여 1톤이라는 정보를 머릿속으로 메이킹합니다.

이제 본격적으로 석가탑과 다보탑을 활용해 메이커 활동에 들어갑니다. 아이들은 자신이 만든 탑 위에 다양한 물건들을 올립니다.

다보탑은 얼마나 버틸까?

다보탑 위에 여러 가지 물건을 올리기 전, 다보탑이 얼마의 무게까지 버틸지 예상해 봅니다. 메이커 교육에서 중요한 것이 바로 예상해 보는 활동입니다. 자신이 만들 작품이 어떤 모양으로 나올지, 각각의 부품을 어떻게 연결할지, 결과물은 어떤 방식으로 움직이게 될지 등을 끊임없이 생각하고 이야기를 나누는 활동이 바로 예상입니다.

아이들은 다보탑의 전체 부분을 사용하지 않고 탑의 한 층만 따로 떼어서 사용합니다. 다보탑의 한 층이 국어사전 10권 정도의 무게를 버틸 것이라고 예상합니다. 국어사전 한 권의 무게가 약 2킬로그램이니 다보탑의 한 층은 약 20킬로그램을 버틸 것이라 예상한 것입니다.

이제 국어사전을 한 권씩 올리기 시작합니다. 한 권, 두 권, 세 권, 다보탑이 무너질 때까지 국어사전 개수를 늘려 나갑니다. 다보탑의 한 층이 국어사전 8권, 대략 16킬로그램을 버팁니다.

이렇게 측정한 결과는 학습지에 기록합니다. 학습지는 아이들의 사고 과정과 아이디어를 끌어내는 과정을 볼 수 있는 소중한 자료입니다. 메이커 교육에서는 학습지나 산출물의 질적 수준이 크게 중요하지 않습니다. 이것이 메이커 활동과의 차이점이기도 합니다.

처음에 아이들은 국어사전 한 권의 무게를 약 9킬로그램 정도로 예상했습니다. 9킬로그램이 어느 정도의 무게인지 정확하게 알지 못했기 때문이지요. 이는 아이들이 생활 속에서 직접 무게를 재어 본 경험이 많지 않다는 것을 의미합니다.

"수박 한 통의 무게는 몇 킬로그램 정도 될까요?"

"10킬로그램이 넘을 것 같아요."

"제 생각에는 20킬로그램 정도 될 것 같은데요."

"수박 한 통의 무게는 대략 5~6킬로그램입니다."

아이들은 이야기를 주고받으며 국어사전의 무게가 수박보다는 가벼울 것이라고 추측합니다. 처음에 예상했던 국어사전 한 권의 무게를 수정합니다. 국어사전 한 권의 예상 무게를 2킬로그램 정도로 수정합니다. 메이커 교육에서 중요한 것이 바로 비계 설정과 발문입니다. 아이들이 스스로 깨달을 수 있도록 묻고 기다려 주는 것, 이것이 바로 메이커 교육이 추구해야 할 중요한 목표 중 하나입니다.

석가탑은 얼마나 버틸까?

이번에는 석가탑이 무게를 얼마나 견뎌 낼지 알아봅니다. 다보탑 실험 때와 마찬가지로 먼저 예상하는 시간을 갖습니다. 아이들은 석가탑이 8킬로그램 정도밖에 버티지 못할 것이라고 판단한 후, 자신들의 예상이 맞는지 직접 확인해 봅니다.

석가탑 꼭대기 층에 책을 올려놓습니다. 하지만 꼭대기 층에 책을 올려놓으니 무게중심이 잘 잡히지 않고 탑이 흔들립니다. 아이들 스스로

■ 학습지에 예상 내용을 기록하기

② 국어사전을 탑 위에 올리기

③ 국어사전과 수학책을 탑 위에 올리기

④ 탑이 무너진 후의 모습

문제점을 발견하고 어떻게 이 문제를 해결할지 의논합니다. 그리고 석가탑의 한 층을 뜯어내기로 결정합니다. 석가탑의 2층 위에 책을 올려 보지만, 여전히 안정적이지 않습니다. 아이들은 또 문제를 해결하기 위해 머리를 맞댑니다. 책을 더 안정적으로 쌓아 보자는 아이, 탑의 아랫부분을 잡고 책을 올리자는 아이, 석가탑의 한 층을 더 없애자는 아이 등 다양한 의견들이 오갑니다. 결국 석가탑의 한 층을 더 뜯어내기로 생각이 모아집니다. 이제 1층이 된 석가탑 위에 책을 쌓기 시작합니다.

기단 위에 1층만 남은 석가탑 위에 책이 하나씩 쌓이더니 어느덧 아이들의 키만큼 올라갑니다. 열 권, 열한 권, 열두 권……. 그러다가 결국 우르르 무너집니다. 환호성과 절망의 비명이 이곳저곳에서 터져 나옵니다. 하지만 아이들의 목소리에는 실망보다 기쁨이 더 많아 보입니다.

2층짜리 석가탑은 대략 46킬로그램을 버텼습니다. 석가탑이 이렇게 많은 무게를 견딘 이유는 따로 있습니다. 아이들이 제작한 석가탑은 완전한 트러스 구조를 적용한 것이 아닙니다. 빨대가 세워진 트러스 구조가 건축물을 지지하기보다는 두꺼운 박스 조각들이 훨씬 큰 힘으로 무게를 지지했기 때문에 46킬로그램을 버티는 것이 가능했습니다.

한 가지 더. 석가탑에 책을 많이 쌓을 수 있었던 이유는 탑의 네 모서리에 플라스틱 원통이 있었기 때문입니다. 그리고 아이들은 석가탑의 불안한 2, 3층은 뜯어내고 가장 튼튼한 1층에 책을 올려놓았습니다.

아이들은 역시 책 한 권이 어느 정도 무게인지 잘 몰랐습니다. 사전 한 권을 8킬로그램 정도로 예상한 것부터 많이 빗나갔습니다. 정확한 무게를 재기 위해서는 사전 한 권의 무게와 올려놓은 각 교과서의 무게를 정확하게 측정한 후 그 결과를 모두 더해야 합니다. 실험의 정확성 관점에서 보면 낮은 평가를 받는 실험입니다. 하지만 이번 활동의 목표는 무게를 정확하게 재거나 책을 많이 쌓는 것이 아닙니다. 친구들과 이야기를 나누며 킬로그램을 톤으로 바꾸어 볼 수 있으면 됩니다. 그리고 자신이 만든 석가탑과 다보탑에 트러스 구조가 적용되었다는 점을 알고, 트러스 구조를 적용하기 위해 친구들과 이야기 나누고 고민했으면 충분합니다.

혹여 책을 탑 위에 올려놓으면서 넘어질까 조마조마한 마음을 가졌다면, 또한 그것으로도 충분합니다. 친구들과 같은 공간에서 함께 협력해서 실험을 하고 같은 감정을 공유하며 크게 웃을 수 있었다면, 이보다 더 행복한 시간은 없습니다.

시간이 흘러 아이들이 초등학교 시절을 돌아볼 때, 자신이 만든 탑 위에 책을 올려놓았던 기억을 떠올리며 보시시 미소를 지었으면 좋겠습니다. 그리고 이 짧은 웃음으로 힘든 시기를 잘 이겨 내는 아이들이 되기를 바랍니다.

3. 뚝딱뚝딱 학교를 만들어요:
내가 다니고 싶은 학교 만들기

활동 준비물 :	가위, 칼, 풀, 글루건, 색지, 사인펜, 종이 상자, 우드락
중심 교과: 실과	〔6실03-04〕 쾌적한 생활공간 관리의 필요성을 환경과 관련지어 이해하고 올바른 관리 방법을 계획하여 실천한다. 〔6실05-04〕 다양한 재료를 활용하여 창의적인 제품을 구상하고 제작한다.
관련 교과: 미술	〔4미01-04〕 미술을 자신의 생활과 관련지을 수 있다. 〔4미02-06〕 기본적인 표현 재료와 용구의 사용법을 익혀 안전하게 사용할 수 있다.

어렸을 때, 나는 학교 운동장이 아주 넓었으면 좋겠다는 생각을 했습니다. 그래야 친구들과 원 없이 축구를 할 수 있기 때문입니다. 내가 다니고 싶은 학교는 '운동장 넓은 학교'였습니다.

지금 우리 아이들은 어떤 학교를 꿈꿀까요? 자기가 다니고 싶은 학교를 디자인한다면 어떤 점에 초점을 맞출까요? 아이들은 저마다 중요하게 생각하는 것이 다릅니다. 아이들이 어떤 학교를 다니고 싶은지 알아

함께 디딤영상을 보는 아이들

보고 자신이 구상한 학교를 만들어 봅니다.

"세모 모양으로 지은 학교가 있을까요?"

아이들은 세모 모양의 학교를 본 적이 없을 것입니다. 답변도 예상할 수 있습니다. 하지만 이런 발문을 하는 이유는 아이들의 생각을 부자연스럽게 만들어 수업에 보다 흥미를 가질 수 있도록 하기 위해서입니다.

"선생님, 학교는 모두 네모나게 생겼어요."

"맞아요. 한 번도 다른 모양의 학교를 본 적이 없어요."

아이들의 선경험을 바탕으로 이루어진 정보는 '학교는 네모나다'입니다. 나는 아이들에게 세모 모양으로 지은 학교에 대한 동영상을 보여 줍니다. 아이들은 이 동영상을 보며 학교에 대한 고정관념에서 벗어나 새로운 형태와 구조를 가진 학교를 생각할 수 있습니다.

세모 모양의 학교 동영상을 본 후 아이들은 학교 만들기 의욕이 샘솟습니다. 그러나 바로 활동을 시작하지 않습니다. 아이들의 의욕이 충만

할 때 학습지를 건네면 아이들은 투정을 부리면서도 학습지의 내용에 더 집중합니다.

'내가 다니고 싶은 학교의 모습은?'

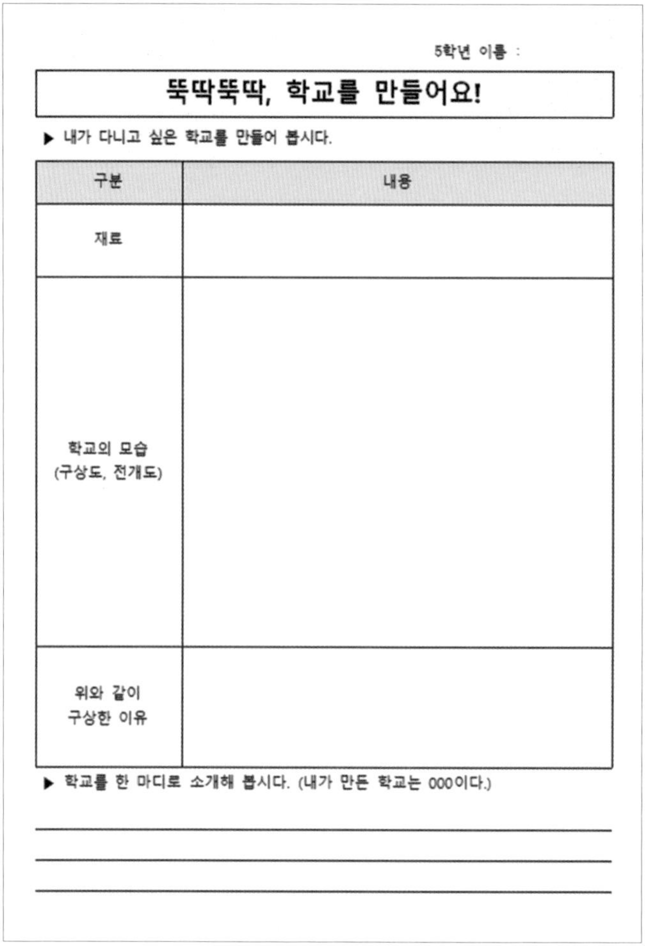

<table>
<tr><td colspan="2" align="right">5학년 이름 :</td></tr>
<tr><td colspan="2" align="center">**뚝딱뚝딱, 학교를 만들어요!**</td></tr>
<tr><td colspan="2">▶ 내가 다니고 싶은 학교를 만들어 봅시다.</td></tr>
</table>

구분	내용
재료	
학교의 모습 (구상도, 전개도)	
위와 같이 구상한 이유	

▶ 학교를 한 마디로 소개해 봅시다. (내가 만든 학교는 OOO이다.)

_____

_____

_____

학습지-'내가 다니고 싶은 학교'

아이들은 자신이 다니고 싶은 학교의 모습을 학습지에 표현합니다. 왜 이렇게 구상했는지도 함께 기록합니다. 그리고 나서 내가 다니고 싶은 학교를 건축하기 위해서는 어떤 재료가 필요할지도 모둠원들과 함께 이야기를 나눕니다. 마지막으로 자신들이 만들 학교에 대해 간단하게 소개하는 내용도 기록합니다.

학습지에 기록한 구상도를 바탕으로 학교를 건축하기 시작합니다. 뚝 딱뚝딱! 이곳저곳에서 스티로폼을 활용해 땅을 다지고 종이로 만든 기둥과 벽면을 세웁니다.

첫 번째 모둠이 제작한 학교는 '최첨단 시설과 넓은 휴식 공간을 갖춘 학교'입니다. 1층에는 수영장과 운동장이 있고 2층에는 학생 모두가 사용할 수 있도록 많은 컴퓨터를 비치하였습니다. 3층은 학생들이 자유롭게 뛰어놀 수 있도록 잔디가 깔린 운동장으로 구성했습니다.

우리 학교 아이들은 생존 수영을 배우기 위해 학교 버스를 타고 수영장이 있는 화순읍으로 나갑니다. 학교 버스로 50분 정도 걸립니다. 오가는 거리가 멀어 많은 아이들이 힘들어합니다. 그래서 아이들이 다니고 싶은 학교에는 수영장이 있습니다. 멀리 가지 않아도 되고 언제든지 수

내가 다니고 싶은 학교를 만드는 아이들

영할 수 있는 공간을 아이들은 원했던 것입니다.

　여느 초등학교 아이들과 마찬가지로 우리 반 아이들도 축구를 아주 좋아합니다. 하지만 체육관 공사 관계로 잔디가 깔려 있던 운동장이 많이 훼손되어 먼지가 나는 운동장에서 축구를 하고 있습니다. 그래서 아이들은 잔디가 깔려 먼지가 나지 않고 안전하고 자유롭게 뛰어놀 수 있는 잔디 구장을 3층에 배치했습니다.

　아이들이 제작한 학교의 모습을 보니 아이들이 가지고 있는 불만과 불편함, 바람 등을 알 수 있었습니다.

1모둠의 '최첨단 시설과 휴식 공간을 갖춘 학교'

2모둠의 '상상과 다른 학교'

3모둠의 '동물농장 학교'

　두 번째 모둠이 제작한 학교 이름은 '상상과 다른 학교'입니다. 얼핏 보아서는 방학생활계획표처럼 보입니다. 사방에 문이 있고 어디로 들어가든지 원하는 교실로 쉽게 이동할 수 있게 디자인했습니다. 겉에서 보면 네모 모양이지만 안을 들여다보면 동그라미 모양의 구조로 이루어졌기 때문에 '상상과 다른 학교'라는 이름을 붙였다고 합니다.

　상상과 다른 학교에서 겉모습으로 차별받지 않고 모든 학생들이 존중받으며 즐겁게 지낼 수 있으면 좋겠습니다.

　마지막 세 번째 모둠이 제작한 학교

는 '동물농장 학교'입니다. 이 모둠의 아이들에게 학교 내부 구조는 그리 중요한 부분이 아닙니다. 아이들이 중점을 둔 부분은 학교 본관만 한 규모의 동물을 기를 수 있는 공간과 넓은 운동장입니다. 사람과 동물이 함께 생활하는, 자연 친화적인 학교의 모습을 꿈꾸는 아이들입니다.

메이커 교육은 함께하는 교육입니다. 모둠원들과 이야기를 나누면서 공감하고 또한 협력합니다. 자신이 만든 작품을 전시하며 더 좋은 결과물이 나올 수 있도록 생각과 노하우를 친구들과 공유합니다. 메이커 교육이 가지는 이런 특성에 따라 아이들이 만든 작품은 선생님들과 전교생이 함께 볼 수 있는 공간을 마련하거나 학교 현관에 전시합니다. 그리고 작품을 제작한 메이커들은 발표회 등을 통해 자신이 만든 작품을 소개하고 만드는 방법을 공유합니다.

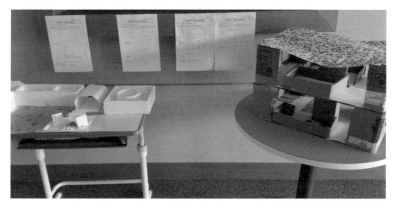

아이들이 만든 학교 건축 전시 모습

아이들은 모둠원들과 협력하며 학교를 건축합니다. 구상했던 모습과 다르게 지어지고 있으면 함께 상의하여 건축 방법을 수정합니다. 각자의 역할을 적절하게 분배하여 모든 친구들이 참여할 수 있도록 조정도 합니다. 우리 반 아이들에게 중요한 것은 넓은 교실도, 책이 많은 도서관도 아닙니다. 아이들이 생각한 학교의 중요한 요소는 '잔디가 깔린 넓은 운동장'과 '매점'입니다.

아이들이 만든 넓은 운동장에서 체육에 대한 넘치는 열정과 의지, 뛰어놀고 싶은 강한 투지와 강인한 체력을 엿볼 수 있습니다. 아이들이 만든 학교 속 매점을 보며, 등교하면서부터 배가 고프다는 아이들의 외침과 모든 용돈을 먹는 데 사용하겠다는 강한 열의도 느낄 수 있습니다.

이런 아이들의 바람과 다르게 어른들의 기준으로만 교실을 만들어 가고 있지 않았나 하는 생각을 합니다. 아이들과 더 많이 뛰놀고 더 많이 움직이며 더 많이 음식을 만들어서 나누어 먹어야겠습니다.

그러면 나는 아이들이 다니고 싶어 하는 학교에서 최고의 선생님이 되어 있을 것입니다.

4. 고려, 다시 태어나다:
지점토와 빨대로 문화재 만들기

활동 준비물 :	가위, 글루건, 종이 상자, 지점토, 빨대, 아이스크림 막대, 다리미, 종이 호일
중심 교과: 사회	〔6사03-04〕 고려청자와 금속활자, 팔만대장경 등의 문화유산을 통하여 고려 시대 과학기술과 문화의 우수성을 탐색한다.
관련 교과: 미술	〔4미02-05〕 조형 요소의 특징을 탐색하고, 표현 의도에 적합하게 적용할 수 있다. 〔6미02-05〕 다양한 표현 방법의 특징과 과정을 탐색하여 활용할 수 있다.

사회 시간에 고려의 역사를 배웁니다. 고려의 건국을 배우고 여진, 거란, 몽골에 침략당한 아픈 우리 역사를 알아 갑니다. 이런 아픔의 역사 속에서도 고려는 찬란한 문화를 꽃피웁니다. 그래서 사회 시간에 배운 고려 문화재를 미술 시간에 직접 만들어 보는 수업을 구상합니다.

아이들이 메이커 활동에 흥미를 가지고 참여하기 위해서는 동기를 유발할 만한 자료가 필요합니다. 어떤 자료가 좋을지 조사하던 중 바닷속에 묻혀 있던 고려 시대 선박이 발견되었다는 영상이 눈에 들어옵니다. 메이커 활동을 하기 전, 이 영상을 아이들에게 보여 줍니다. 영상을 본 아이들은 빨리 유물을 만들고 싶어 합니다. 아이들의 창작 욕구가 올라갔으니 이제 만들기를 시작합니다.

먼저, 아이들을 세 모둠으로 나눕니다. 모둠별로 고려 시대 문화재 중 어떤 것을 만들지 의논합니다. 교과서에 있는 고려 문화재도 좋습니다. 인터넷 검색을 통해 찾은 문화재도 좋습니다. 수업의 주도권을 아이들에게 넘기면 아이들은 수업의 객체에서 주체로 바뀌어 활동에 주도적으로 참여합니다. 적극적으로 정보를 검색하고 문제를 해결할 힘을 얻게 됩니다.

모둠별로 만들고자 하는 문화재를 정했으면 본격적으로 제작에 돌입합니다. 첫 번째 모둠은 태사묘를 제작합니다.

> 태사묘
> 경상북도 안동시 북문동에 있는 고려 개국공신 김선평, 권행, 장정필 등 3명의 위패를 모신 곳이다. 경상북도 기념물 15호로 지정되었다.

두 번째 모둠은 고려 오층 석탑을 제작합니다.

> 고려 오층 석탑
> 부산광역시 동래구 온천동에 있던 고려 시대의 오층 석탑이다. 부산광역시 유형문화재 13호로 지정되었다가 2015년 해지되었다.

세 번째 모둠은 평창 월정사 팔각 구층 석탑을 제작합니다.

> 월정사 팔각 구층 석탑
> 강원도 평창군 월정사에 있는 고려 시대의 석탑이다. 국보 제48-1호로 지정되었다.

고려 시대 문화재를 만들기 위한 재료는 지점토, 빨대, 박스 종이, 그 외 교실에서 볼 수 있는 다양한 도구들입니다. 부족한 학급 운영비로 고가의 준비물을 구입하는 것은 어렵습니다. 그래서 교실 구석구석에서 숨어 있는 재료들을 찾아냅니다. 분리수거 창고도 찾아가 쓸 수 있는 재료들을 가져옵니다. 집에서 재활용 상자, 페트병 등을 가져오는 것도 좋은 방법입니다.

아이들은 구상, 재료 준비, 제작까지 모두 스스로 결정하고 진행합니다. 교사는 아이들이 자유롭게 활동에 참여할 수 있도록 책상을 배치하고 모둠을 구성하며 자유로운 분위기를 만들어 주는 역할을 합니다.

1 디딤영상 보기

이렇게 제작된 고려 시대 문화재를 그냥 전시하기에는 무언가 아쉽습니다. 당시 장인들은 탑 하나를 만들기 위해 얼마나 많은 노력을 했을까요? 아마 온 정성을 다해 만들었을 것입니다. 아이들이

2 모둠별로 제작할 문화재 조사하기

제작한 문화재를 그냥 전시하는 것은 온 정성을 다한 고려 장인들에게 부끄러운 행동 같아 보입니다. 그래서 아이들과 요리조리 궁리합니다.

"어떻게 하면 우리가 만든 문화재를 더 의미 있게 전시할 수 있을까요?"

아이들은 이 질문에 대답하기 위해 모둠원들과 이야기도 나누고 인터넷을 활용해 검색도 합니다. 그러다 한 학생이 유튜브에서 빨대를 활용해 간단한 도구를 제작하는 영상을 발견합니다.

③ 제작하기 - 태사묘

③ 제작하기 - 오층 석탑

③ 제작하기 - 월정사 팔각 구층 석탑

"선생님, 빨대를 활용해 저희가 만든 문화재에 아름다운 이름표를 만들어 주면 좋겠어요."

다음 날, 아이들은 빨대를 활용해서 문화재 이름표를 어떻게 제작할지 이야기를 나눕니다. 그러는 동안 교사인 나는 빨대와 그 외 재료들, 즉 집에서 가져온 다리미, 종이 호일, 담요를 한쪽에 정리해 둡니다.

아이들은 다양한 재료를 활용해 문화재 이름표와 부품들을 만들기 위한 기초 작업을 시작합니다. 빨대를 잇거나 자르는 기초 작업 후, 다리미로 활용해 납작하게 눌러 줍니다. 유튜브 영상에서는 빨대들이 잘 붙었는데 직접 해 보니 영상처럼 잘 만들어지지 않습니다. 하지만 몇 번의 시행착오를 거쳐 다리미의 온도, 누르는 시간, 압력 등을 고려해서 빨대를 잘 붙여 나갑니다. 다림질로 뜨거워진 빨대와 종이 호일을 선풍기 바람으로 식히는 노하우도 찾아냅니다.

실패를 통해 아이들은 더 나은 방법들을 찾아냅니다. 아이들이 포기하지 않도록 코칭하고 격려해 주는 것이 바로 교사가 해야 할 가장 중요한 일입니다.

빨대를 이어 붙여 넓은 판을 만들었다면 이제는 더욱 섬세한 작업이 남아 있습니다. 가위로 빨대판을 잘라서 원하는 모양과 나타내고자 하는 글자를 만드는 것입니다.

드디어 빨대를 활용해 만든 문화재 이름표가 완성되었습니다. 이름표를 각 작품에 붙입니다.

이렇게 만들어진 고려 시대 문화재는 작품을 학생들이 가장 많이 오가는 1층 현관에 전시합니다. 아이들은 마지막까지 서로 힘을 모아 탁자를 옮기고 작품을 설치하는 등 전시 작업을 함께 합니다.

4 준비물 정리하기

5 빨대로 문화재 이름표 만들기

6 문화재에 이름표 붙이기

7 고려 시대 문화재 전시하기

Part 3 건축, 메이커 교육을 만나다

고려 시대 장인들은 문화재 하나를 만들기 위해 짧게는 몇 달, 길게는 몇 년이라는 시간을 제작에 집중합니다. 또한 마음과 정성을 쏟습니다. 그렇기에 지금까지 남아 있는 문화재들이 가치가 있는 것입니다. 그들의 노력에 비할 수는 없지만 아이들이 조금이라도 고려 시대 장인들의 숨결과 땀방울을 느꼈으면 좋겠다는 바람으로 네 시간 동안 작품 제작에 매진했습니다. 그리고 '내가 만든 문화재를 한마디로 표현'해 보는 시간을 갖습니다.

아이들이 학습지에 기록한 내용을 보며 우리가 지금 만나고 있는 많은 문화재에 대해 고마운 마음을 가지게 됩니다.

아이들이 기록한 모둠별 학습지

많은 전란에도 불타거나 부서지지 않은 것이 고맙고,
불타거나 부서진 것을 복구한 사람들을 생각하니 고맙고,
다른 나라에 팔려 나가거나 도둑질당하지 않은 것에 고맙고,
팔려 나가지 못하게 자신의 재산을 투자한 사람들이 고맙고,
도둑질당한 것을 다시 찾아오기 위해 노력한 사람들이 고맙고,
후손들이 훌륭한 문화재를 볼 수 있도록 관리해 준 사람들이 고맙고,
그 문화재를 알리고 보존하기 위해 지금도 노력하고 계신 분들이 고맙
습니다.
이런 고마운 분들 덕분에 우리가 이렇게 아름다운 문화재를 볼 수 있습
니다.

5. 뚝딱뚝딱 집을 만들어요:
직육면체 모양의 집 만들기

활동 준비물 :	가위, 칼, 글루건, 종이 상자, 테이프
중심 교과: 수학	〔6수02-04〕 직육면체와 정육면체를 알고, 구성 요소와 성질을 이해한다.
관련 교과: 실과, 미술	〔6실05-04〕 다양한 재료를 활용하여 창의적인 제품을 구상하고 제작한다. 〔6미02-03〕 다양한 자료를 활용하여 아이디어와 관련된 표현 내용을 구체화할 수 있다.

아이들은 선생님의 일방적인 설명보다는 직접 조작하고 체험했을 때 더 많은 내용을 오랫동안 기억합니다. 또한 도전적이기는 하지만 아이들이 스스로 정한 목표가 선생님이 일방적으로 부여한 목표보다 훨씬 더 효과적으로 달성됩니다. 이런 생각을 바탕으로 아이들과 함께 직육면체 집을 만들어 봅니다.

수학 시간에 아이들은 직육면체의 면, 꼭짓점, 모서리의 개수 및 평행, 합동 등을 배웁니다. 이 내용을 종합적으로 알아보기 위하여 활용할 수 있는 방법이 직접 직육면체를 만들어 보는 것입니다.

집은 여러 가지 모양을 하고 있습니다. 이런 다양한 모양의 집들을 조금 단순화해서 직육면체 모양의 집을 만들기로 합니다. 먼저 아이들과 함께 집을 만들기 위해 어떤 점을 고려해야 할지 이야기를 나누고, 아이들은 서로 의논하여 집짓기의 여섯 가지 규칙을 정합니다.

1. 직육면체 모양으로 집을 만들 것
2. 집이 완성되면 집에 대해 설명할 수 있어야 할 것
3. 집 안으로 사람이 들어갈 수 있게 만들 것
4. 집이 무너지면 안 될 것
5. 협력해서 만들 것
6. 집에 대해 설명할 때는 한 사람만 하면 안 될 것

이 활동은 단순히 종이를 활용해 집을 만드는 것에서 끝나는 것이 아니라, 수학 시간에 배운 직육면체의 성질과 연결해서 설명할 수 있도록 해야 합니다. 또한 모둠원 모두가 참여할 수 있도록 활동 계획에서부터 이 점을 강조해야 합니다.

메이커 교육에서는 결과물을 만들어 내는 것도 중요하지만, 결과물을 만들기 위해 친구들과 많은 이야기를 나누고 모두 참여할 수 있도록 서로를 격려하는 것이 중요합니다. 그리고 활동을 실생활과 관련시키는 것도

다양한 크기의 박스로 직육면체 집을 만드는 아이들

중요합니다. 마지막으로 하나 더, 자신의 언어로 설명하는 과정이 필요합니다. 이를 기본으로 하여 메이커 교육이 이루어질 때 아이들은 창의적인 사고뿐만 아니라 함께하는 공동체적 사고를 형성할 수 있게 됩니다.

직육면체 집을 만들기 위해서는 박스가 필요합니다. 아이들은 박스를 찾기 위해 학교 뒤편에 있는 재활용 창고에서 여러 종류의 박스를 가져옵니다. 전체적인 모양을 직육면체로 만드는 것 외에 다른 부분은 아이들이 자유롭게 창의적으로 제작할 수 있습니다. 자신의 집을 스스로 만든다고 하니 너무 좋아하는 아이들입니다. 가위, 칼, 테이프, 글루건을 사용해 뚝딱뚝딱 집을 만듭니다.

여기서 교사가 하는 중요한 역할이 있습니다. 아이들이 만든 직육면체 집의 면, 모서리, 꼭짓점에 대해 설명해 주는 것입니다. 아이들 모두에게 발문을 통해 직육면체의 여러 가지 특징을 묻습니다. 답변을 잘 못하는 아이는 모둠원의 도움을 받아 자신의 언어로 말할 수 있도록 합니다. 즐겁게 집을 만드는 동안 자연스럽게 직육면체에 대해 학습할 수 있도록 안내하는 것이 학생 중심 수업의 과정입니다.

직육면체 집이 모두 만들어졌습니다.

"선생님, 멋진 집을 동생들도 함께 봤으면 좋겠어요."

"중간놀이 시간 때 동생들을 교실로 초대해요!"

직육면체 집을 자기들만 보는 것이 아쉬운지 아래 학년 학생들에게 보여 주고 싶다고 말합니다.

아이들의 생각을 반영해 저학년 학생들을 교실로 초대할 준비를 합니다. 저학년 학생들 앞에서 자신이 만든 집을 소개하기 위해 리허설도 필요합니다. 세 모둠의 아이들은 저마다의 방식으로 직육면체 집을 소개하는 준비를 합니다. 소개 준비를 마친 후에는 다른 모둠 아이들 앞에서 연습해 봅니다.

1 집에 대한 소개 자료 준비하기

사람들 앞에서 이야기하다 보면 부족한 부분을 스스로 느끼게 됩니다. 자신이 정말로 알고 있는 것과 안다고 착각하고 있는 것이 무엇인지 확실해져서 부족한 점을 찾아 보완할 수 있게 됩니다.

2 리허설하기

친구들의 발표를 그냥 듣기보다 자기네 모둠의 집에 대한 소개와 비교하며 듣는 것이 좋겠다 싶어 학습지를 준

3 집 소개하기

비하여 아이들에게 조용히 건넵니다. 아이들은 학습지에 다른 모둠원 아이들이 말하는 내용을 기록하며 자기네 모둠의 직육면체 집과 비교해 봅니다.

이제 집에 대해 소개할 준비가 모두 끝났습니다. 다음 날 중간놀이 시간을 활용해 저학년 학생들을 교실로 초대합니다. 그리고 자신이 만든 직육면체 집의 특징을 소개하며 활동을 마무리합니다.

사람들 앞에서 이야기하는 것이 아직은 어색한 아이들입니다. 공식적인 자리에서의 기본 예절도 아직은 부족합니다. 그래도 자신들이 만든 집이기에 즐겁게 집의 특징을 소개합니다. 아이들이 집에 대해 소개하는 모습을 모두 촬영한 후, 다음 날 그 영상을 보며 함께 이야기하는 시간을 갖습니다.

발표 모습을 보며 의견을 주고받는 아이들

사람들 앞에서 말하는 활동은 한 번만 하고 끝나는 것이 아닙니다. 따라서 발표 자세, 목소리, 태도, 예절 등에 대해 함께 이야기 나누고 부족한 점은 고쳐 나가는 과정이 필요합니다. 그래야 아이들이 발전할 수 있기 때문입니다.

누군가의 부족한 점을 지적하여 말하는 것은 어른들에게나, 아이들에게나 모두 기분 좋은 일은 아닙니다. 하지만 아이들은 교실을 벗어나 더 넓은 세상으로 나아가 더 많은 사람들을 만나야 하기에 이런 과정이 꼭 필요합니다. 교사의 지적에도 상처받지 않고 따뜻한 마음으로 받아들이는 아이들이 정말 고맙습니다.

직육면체 집에 대해 소개하는 동영상을 보고 나서, 발표하는 자세와 목소리 등에 대해 서로 이야기를 나누며 아이들은 많은 것을 배울 수 있었습니다. 다음 발표 때는 더 당당하고 멋진 모습으로 사람들 앞에서 이야기할 수 있기를 바랍니다.

Part

4

↤ 사물, ↦

메이커 교육을
만나다

1. 성을 무너뜨려라:
캐터펄트 만들기

활동 준비물 :	테이프, 아이스크림 막대, 고무줄, 플라스틱 숟가락, 더블클립
중심 교과: 사회	〔6사03-01〕 고조선의 등장과 관련된 건국 이야기를 살펴보고, 고대 시기 나라의 발전에 기여한 인물(근초고왕, 광개토대왕, 김유신과 김춘추, 대조영 등)의 활동을 통하여 여러 나라가 성장하는 모습을 탐구한다.
관련 교과: 미술	〔4미02-06〕 기본 재료와 용구의 사용법을 익혀 안전하게 사용할 수 있다. 〔6미01-05〕 미술 활동에 타 교과의 내용, 방법 등을 활용할 수 있다. 〔6미02-03〕 다양한 자료를 활용하여 아이디어를 구체화할 수 있다.

고대 그리스 시대부터 사용된 캐터펄트[*]를 영화 〈황산벌〉과 〈평양성〉에서 보았습니다. 고대에는 성을 빼앗는 자가 전쟁에서 우위를 차지했습니다. 튼튼한 성을 만드는 것은 국가의 존망과 밀접하게 관련되어 있었습니

---

* 기원전 400년부터 기원전 300년경에 고대 그리스에서 사용되기 시작하여 중세 유럽 시대까지 사용된 투석기의 일종이다. 중세 시대 먼 거리에서 성을 공격하기 위해 포탄을 던지는 발사 기구를 모두 캐터펄트라고 부르기도 한다. _두산백과

다. 그래서 성은 큰 돌을 사용해 쉽게 무너지지 않게 지었습니다. 지키는 자가 이렇게 강하게 빗장을 걸었다면 이를 무너뜨리는 자들은 더 강한 무기를 사용했겠지요. 그 강력한 무기가 바로 캐터펄트, 우리말로 투석기입니다. 투석기를 삼국 시대 역사를 배우는 수업에 활용해 보았습니다.

수업하기 전날 아이들에게 캐터펄트를 만드는 과정이 담긴 디딤영상 하나를 소개합니다. 아이들은 가정에서 디딤영상을 보고 학습지를 해결합니다. 이렇게 수업 시간 전에 사용되는 디딤영상은 아이들의 활동 시간을 많이 확보할 수 있도록 도와줍니다. 교사는 아이들에게 불필요한 설명을 하지 않아도 되고, 아이들은 별도의 질문 없이 바로 캐터펄트 제작에 들어갈 수 있습니다.

제작 활동 전에는 영화 〈평양성〉에서 캐터펄트가 사용된 장면을 캡처하여 아이들에게 보여 줍니다. 아이들은 〈평양성〉을 보고 비주얼 씽킹 기법을 활용해 내용을 정리합니다. '타협이냐, 항전이냐'라는 주제로 국어 시간에 토론도 합니다. 캐터펄트가 사용된 영화의 장면을 본 아이들은 수업에 아주 많은 관심을 보입니다. 짧은 영상이지만 아이들이 캐터펄트를 만드는 동기를 주기에 충분합니다.

캐터펄트 제작에 앞서 아이들은 디딤영상을 보고 정리한 학습지를 가지고 모둠원들과 이야기를 나눕니다. 자신의 생각과 친구들의 생각을 비교하며 궁금한 점에 대해 자유롭게 이야기를 나눔으로써 캐터펄트를 만들 마음의 준비를 합니다. 그리고 집에서 미리 만들어 온 자신의 캐터펄트 디자인과 모둠원들의 디자인을 비교하면서 나만의 작품이 아닌 모두의 작품이 되도록 캐터펄트를 어떻게 만들지, 어떤 재료를 얼마만큼 사용할지 생각을 공유합니다.

이제 본격적으로 캐터펄트를 제작합니다. 아이들은 모둠별로 주어진

**캐터펄트(투석기)를 활용해
상대방의 성을 무너뜨려라!**

◆ 디딤영상을 보고 캐터펄트(투석기) 만드는 방법을 비쥬얼씽킹으로 간단하게 기록해 봅시다.

◆ 나만의 캐터펄트(투석기)를 디자인해 봅시다.

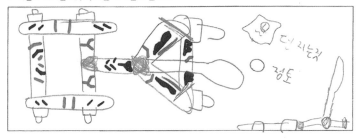

◆ 캐터펄트(투석기)를 활용해 목표물을 잘 맞추기 위해서는 무엇을 고려해야 할까요?

던지는 무언가에 맞어서 쏘는힘 조절등 나는것
캐터펄트 위지 놓이를맞춰 쏘는힘

아이들이 기록한 학습지

1 학습지를 보며 이야기 나누기

2 캐터펄트 제작하기

3 쌓기나무와 물체들로 성 세우기

고무줄, 클립, 막대, 플라스틱 뚜껑 등을 사용해 창의적으로 캐터펄트를 만듭니다. 만들다 막히는 부분이 있으면 디딤영상과 학습지를 보며 기억을 되살립니다.

아이들이 캐터펄트를 만드는 동안 교사인 나는 각 모둠 앞에 플라스틱 정리함을 옮겨 놓습니다. 아이들이 활동의 주도자가 될 수 있도록 환경을 만들어 주는 것이 교사의 주된 역할입니다. 플라스틱 정리함은 모둠을 구분해 주는 성문 역할을 하는 동시에 캐터펄트로 날린 포탄이 직선으로 가는 것을 방지하는 역할을 합니다.

그리고 하나 더, 캐터펄트가 무너뜨릴 성의 꼭대기에 올려놓을 물체도 준비합니다. 교실에 있는 재료 중 활용 가능한 물건을 찾아보았습니다. 예전에 3D프린터를 활용해 아이들 얼굴과 여러 가지 도구들을 출력하여 교실 한편에 전시해 놓은 것이 눈에 띄었습니다. 이 물건들을 쌓기나무 꼭대기에 올려놓습니다. 쌓기나무는 성, 3D프린터 출력물은 각 성의 성주가 됩니다. 캐터펄트에 의해 쏘아 올려진 포탄이 쌓기나무 위에 있는 물체를 떨어뜨리면 그 성을 무너뜨린 것입니다. 바닥으로 떨어진 물체들은 성을 함락시킨 모둠의 포로가 되는 것이지요.

④ 캐터펄트로 물체 맞추는 연습 하기

물론 교실에 있는 여러 도구를 사용할 수 있습니다. 또한 성을 무너뜨리는 규칙을 변형해서 적용할 수 있습니다. 교사가 일방적으로 정하기보다는 아이들이 중심이 되어 자유롭게 이야기할 수 있게 도와주는 것만으로도 다양한 아이디어가 나올 수 있습니다. 아이들은 자신의 경험을 바탕으로 여러 가지 규칙을 활동에 창의적으로 접목할 수 있기 때문입니다.

⑤ 성 무너뜨리는 시합 하기

성 무너뜨리기 시합을 하기 전, 아이들에게 충분한 연습 시간을 줍니다. 포탄을 정확한 곳에 떨어뜨리기 위해서 캐터펄트의 각도, 구부러짐의 정도, 물체와의 거리, 포탄의 무게 등 여러 가지를 고려해야 하기 때문에 충분한 연습 시간은 필수입니다. 아이들은 성을 무너뜨리기 위해 다양한 종류의 포탄을 준비합니다. 어떤 모둠은 포탄의 무게를 늘리기 위해 병뚜껑에 지점토를 채웁니다. 또 다른 모둠은 지점토를 작게 나누어 다연장 로켓(다수의 로켓 발사관을 상자 모양 발사기에 나란히 놓은 화포)처럼 활용합니다. 군대를 다녀오지 않은 아이들이지만 이미 다연장 로켓의 원리를 캐터펄트 포탄에 적용할 줄 압니다.

이제 연습은 끝났고 실전 경기에 들어갑니다. 아이들이 즐겁게 경기를 하기 위해서는 공정한 규칙이 필요합니다. 어떤 방식으로 경기를 진행할지 아이들과 함께 이야기를 나눕니다. 이런 과정을 거치자니 다소 시간이 걸리는 것 같지만, 막상 경기를 진행하면 불필요한 시간 낭비를 없애 주어 오히려 경기 시간을 늘리는 효과가 생깁니다.

쏘아 올린 포탄이 교실 가운데에 쌓아 둔 쌓기나무 위의 물체들을 쓰러뜨리면 성을 빼앗게 됩니다. 떨어뜨리지 못하면 다음 기회에 다시 도전합니다. 쌓기나무 위의 물체를 떨어뜨리지 못한 아이들은 포탄이 떨어진 거리를 보면서 자신의 기회가 다시 올 때까지 캐터펄트의 각도, 거리 등을 수정하며 기다립니다.

각 모둠에 다섯 번의 기회가 주어지고, 순서가 한 바퀴씩 돌 때마다 쌓

아이들이 제작한 다양한 모양의 캐터펄트

기나무 위에 있는 물체들이 바닥으로 떨어집니다. 물체가 떨어질 때마다 한쪽에서는 환호성이, 다른 한쪽에서는 아쉬움의 탄식이 들립니다.

시합이 끝난 후에는 '캐터펄트는 ○○이다'로 마무리 활동을 합니다.

"캐터펄트는 높이이다. 왜냐하면 캐터펄트의 높이에 따라 포탄이 떨어지는 거리가 달라지기 때문입니다."

"캐터펄트는 바람이다. 왜냐하면 쌓기나무 위에 놓인 물체를 떨어뜨리기 위해서 기도하는 심정으로 경기에 참여했기 때문입니다."

이렇듯 아이들은 캐터펄트를 만들고 경기에 참여하는 과정 속에서 자신만의 생각을 만들어 갑니다.

그동안 아이들과 함께 여러 가지 재료를 활용해 다양한 종류의 만들기 수업을 진행했습니다. 이와 같은 수업을 다른 이름으로 메이커 교육, 학생 중심 수업이라고 하지요. 교실에서 진행한 메이커 교육 중 '캐터펄트를 활용해 성을 무너뜨려라'와 '메커니컬 핸즈 만들기' 등은 메이커 키트로 제작되어 시중에 판매되고 있습니다. 키트로 제작되기 전에는 재료가 정선되지 않았지만, 지금은 키트 안에 정선된 재료와 함께 제작 설명서, 교수·학습 과정안이 포함되어 있습니다. 키트가 없었을 때는 수업을 구성하는 데 시간도 많이 걸리고 시행착오도 많았습니다. 하지만 재료가 정선되지 않고 설명서가 없었기에 아이들은 더 자유롭게 아이디어를 펼칠 수 있었습니다. 또한 먼저 만들어 보고 부족한 점을 찾아 이를 수정했기에 지금과 같이 좋은 키트가 나올 수 있었습니다.

지금으로부터 약 1400년 전에 우리나라 땅에서 캐터펄트가 전쟁에 활용되었습니다. 튼튼한 성을 무너뜨리기 위해 발명된 캐터펄트를 통해 조상들의 지혜를 엿볼 수 있습니다. 물론 그 지혜가 전쟁이라는 잘못된 목적을 위해 사용된 것은 안타까운 일입니다.

역사를 공부하다 보면 다양한 분야에서 우리 조상들의 지혜를 살펴볼 수 있습니다. 아이들은 역사를 공부하면서 조상들의 지혜가 드러난 수많은 유물들을 보게 됩니다.

이를 통해 아이들이 우리나라가 삼국으로 나뉘어 싸우기만 했던 민족이라고 생각하지 않았으면 좋겠습니다. 힘이 없어서 나라를 빼앗긴 민족으로만 보지 않았으면 좋겠습니다. 그리고 이념의 갈등 속에서 같은 민족에게 총을 겨누는 그런 대한민국으로 보지 않았으면 좋겠습니다.

강인한 정신력과 굳건한 의지로 무수한 외침을 이겨 낸 나라. 조국의 독립을 위해 자신의 목숨을 기꺼이 바친 분들의 피와 땀이 서려 있는 나라. 서로를 위로하고 다독이며 폐허 속에서 한강의 기적을 일으킨 나라. 그런 나라로 우리 대한민국을 생각하면 좋겠습니다.

2. 오프로드의 최강자:
웜기어를 활용한 자동차 만들기

활동 준비물 :	가위, 테이프, 종이 상자, 글루건, 아이스크림 막대, 감속 모터, 9볼트 사각 건전지, 전선, 스위치
중심 교과: 실과	〔6실04-05〕 다양한 재료를 활용하여 수송 수단을 구상하고 제작한다. 〔6실05-04〕 다양한 재료를 활용하여 창의적인 제품을 구상하고 제작한다. 〔6실05-07〕 여러 가지 센서를 장착한 로봇을 제작한다.
관련 교과: 과학	〔6과07-02〕 물체의 이동 거리와 걸린 시간을 조사하여 속력을 구할 수 있다.

과학 시간에 물체의 이동 거리와 거기에 걸린 시간을 조사하여 속력을 구하였습니다. 그리고 이와 연계하여 실과 시간에 자동차 로봇을 만들어 보기로 했습니다. 웜기어 모터를 달아서 자동차 로봇으로 경주도 해 보고 이를 통해 이동 거리와 시간, 속력을 다시 한 번 공부하는 기회를 가져 보는 것입니다.

웜기어 모터를 사용해 자동차 로봇을 만들어 보는 시간입니다. 우선 아이들의 흥미와 관심을 이끌어 내기 위해 영상 자료를 준비합니다. 웜기어에 대한 전문 지식을 보여 주는 영상이 아니라, 우리 주위에서 볼 수 있는 다양한 종류의 로봇에 관한 영상입니다. 로봇이 우리 생활과 밀접한 관련이 있고 계속해서 발전하고 있다는 사실을 아는 것만으로도 자신만의 자동차를 만드는 것에 대한 기대감을 높일 수 있습니다.

세상에는 다양한 종류의 로봇이 있습니다. 앞으로 더 많은 로봇이 우리 삶에 등장할 것입니다. 영상 속 정교한 로봇은 아니지만, 아이들은 웜기어를 사용해 자유롭게 움직일 수 있는 로봇을 직접 제작합니다.

먼저 구상 및 설계를 합니다. 어떤 자동차 로봇을 만들 것인지, 외관은 어떻게 꾸밀 것인지, 바퀴의 모양은 어떻게 할 것인지 등에 대해 모둠원들과 이야기를 나눕니다. 아이들이 활발하게 이야기할수록 기존의 자동차와는 다른 특성이 나타납니다.

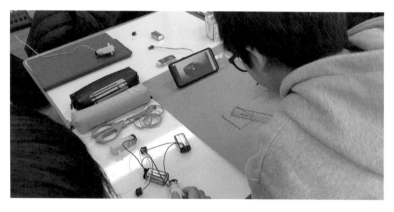

디딤영상을 보며 나만의 자동차를 상상하는 아이들

아이들이 제작하기로 결정한 자동차의 특징을 살펴보겠습니다.

- 웜기어 하나, 바퀴 두 개인 기본 형태
- 웜기어 하나, 바퀴 세 개인 탱크 형태
- 웜기어 하나, 지우개 바퀴 두 개를 장착한 변형 형태
- 웜기어 두 개, 바퀴 네 개, 건전지 두 개를 장착한 자동차 형태
- 웜기어 하나, 바퀴 네 개로 움직이는 2륜구동 형태
- 웜기어 하나, 물레방아 모양 바퀴 두 개를 장착한 험비(미국 군용 자동차) 형태

다양한 형태의 자동차 로봇이 등장합니다. 어떤 형태든 아이들이 만들고 싶어 하면 모두 지지해 줍니다.

아이들은 로봇을 만들면서 지속적으로 웜기어와 바퀴의 작동 여부를

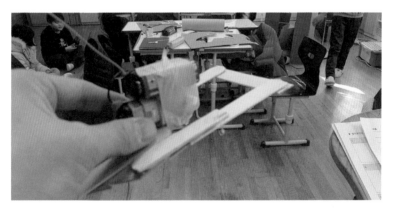

웜기어에 건전지를 고정한 자동차 로봇

교실에서 자동차 로봇 시합을 하는 아이들

확인합니다. 그래서 9볼트 건전지가 금세 힘을 잃어버립니다. 건전지를 교체하게 될 수도 있을 거라는 생각을 미처 하지 못한 아이들은 건전지를 윔기어나 본체에 강하게 고정시켜 두었다가, 건전지를 교체하며 어려움을 겪습니다. 그리고 이후에는 처음보다 느슨하게 건전지를 부착합니다.

로봇이 완성된 후에는 교실에서 간단하게 자동차 경주를 해 봅니다. 시합에서 중요한 것은 속도입니다. 다양한 형태를 가진 자동차 로봇 중에서 9볼트 건전지 두 개를 장착한 자동차 로봇이 가장 빠릅니다. 하지만 자동차 로봇을 빠르기로만 평가해서는 안 됩니다. 속도도 중요하지만 도로의 상태에 구애받지 않고 어디서나 안정적으로 달리는 것 또한 자동차의 중요한 기능이기 때문입니다.

그래서 아이들과 함께 거친 오프로드를 달리기 위해 교실 밖으로 나옵니다. 여러분의 학교에는 어떤 종류의 오프로드가 있나요? 우리 학교에는 총 여덟 개의 오프로드가 있습니다. 물론 이 길을 처음부터 모두 생각했던 것은 아닙니다. 아이들과 함께 교실을 벗어나서 직접 발로 밟아 보며 새로 알게 된 곳도 있습니다. 평소 눈여겨보지 않은 곳이지만 자동차 로봇이 달리기에 최적인 장소도 여러 곳 발견합니다.

철판길

첫 번째는 본관에서 나오면 바로 만나게 되는 철판길입니다. 두 번째는 본관과 후관 사이에 넓게 펼쳐져 있는 벽돌 바닥길입니다. 세 번째는 건강한 신체를 단련하기 위해 설치된 올록볼록 지압길입니다. 네 번째는 물레방아 왼편에 아담하게 자리 잡고 있는 숲길입니다. 다섯 번째는 우리 학교가 있는 화순군 북면이 얼마나 추운지 알게 해 주는 빙판길입니다. 여섯 번째는 물레방아 오른편에 길게 펼쳐진 자갈길입니다.

벽돌길

지압길

물레방아 옆 자갈길에 역사 유물을 묻던 뜨거웠던 여름이 기억납니다.(이 내용은 이 책 5부에서 '역사는 유물을 싣고~'라는 활동으로 소개하고 있습니다.) 아직

숲길

빙판길

자갈길

배수로길

야자수 매트길

도 자갈 밑 어딘가에는 아이들이 그토록 찾아 헤맨 '칠지도'가 주인을 기다리고 있습니다.

일곱 번째는 본관과 주차장 사이에서 경계를 이루고 있는 오프로드의 최고봉 배수로길입니다. 여덟 번째는 학교 내에 자리한 작은 동산을 올라가는 야자수 매트길입니다.

비포장도로인 오프로드는 아이들과 제가 상상했던 것 이상으로 험난한 길입니다. 아이들이 제작한 자동차들은 여러 가지 장애물에 걸려 옴짝달싹 못합니다. 하지만 여기서 포기하면 메이커 교육이 아닙니다. 문제를 발견하면 친구들과 이야기를 나누고 고민하며 해결하는 것이 중요합니다. '지피지기백전불태(知彼知己百戰不殆)'라는 말처럼 각양각색의 장애물들을 파악했으니 이제는 교실에 들어가 수정, 보완하는 작업을 합니다.

물레방아 바퀴가 작아 자갈길, 배수로길에서 힘을 낼 수 없었던 자동차 로봇은 바퀴를 2배 크게 제작합니다.

'코보소(코뿔소의 코를 가진 모양)'라는 닉네임을 가진 자동차 로봇은 바퀴 크기를 키우고 글루건으로 바퀴의 둘레를 감아 줍니다. 마찰력을 정확하게는 모르는 아이들이지만, 경험을 바탕으로 마찰력이 커야 거친 길을 잘 갈 수 있다는 것을 알아냅니다.

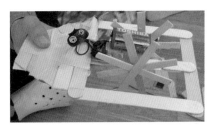
물레방아 바퀴의 크기를 키운 자동차

다른 로봇 역시 바퀴의 크기를 키웁니다. 하지만 글루건을 사용하는 대신 바퀴에 검은 절연테이프를 감아 마찰력을 높입니다.

글루건으로 보완한 바퀴

가장 자동차 형태에 가까운 로봇을 만든 아이들은 혁신적인 보완 작업에 들어갑니다. 2륜구동 자동차 로봇을 4륜구동 형태로 모두 뜯어고칩니다. 웜기어 2개, 9볼트 건전지 2개가 장착된 자동차 로봇에 웜기어 2개, 건전지 2개를 더 추가하여 안정성을 높이고 다양한 오프로드에서 마음껏 달릴 수 있는 강한 힘을 가진 자동차 로봇을 만듭니다. 9볼트 건전지 4개에서 뿜어 나오

절연테이프로 마찰력을 높인 바퀴

4륜구동으로 개조한 자동차

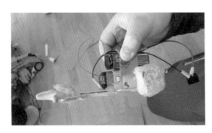

앞쪽을 무겁게 보완한 자동차

는 자동차 로봇의 마력은 상상 이상입니다.

자갈길에서 멋진 드라이빙을 뽐냈지만 야자수 매트에서 자꾸 뒤로 넘어졌던 로봇은 앞쪽에 무게를 더해 안정성을 높입니다. 그리고 지우개로 만든 바퀴 위에 글루건을 감싸서 바퀴 크기를 1.5배 키웁니다.

자동차 로봇을 똑같이 수정하는 아이들은 없습니다. 자신이 제작한 자동차 로봇의 단점과 경험을 통해 알게 된 사실을 종합하여 각자의 방식으로 적절한 해결책을 생각해 냅니다. '반복을 통해 자신만의 방법으로 지식을 체계화하고 창의적으로 문제를 해결하는 것', 메이커 교육이 추구하는 방향이자 수업에서 중요하게 다루어야 할 부분입니다.

백아동산 정자 바닥을 달리는 자동차

이제 아이들은 멋지게 업그레이드한 자동차 로봇을 가지고 다시 밖으로 나옵니다. 지압길을 달려, 빙판길을 드라이빙하고, 배수구를 넘어, 벽돌길을 가로지릅니다. 그리고 가장 어려운 오르막 코스인 야자수 매트 위도 힘차게 달려 학교 안 백아동산의 정자에 도착합니다. 자동차 로봇과 함께 학교 이곳저곳을 누비느라 힘들 만도 한데, 아이들은 오히려 힘이 넘칩니다.

아이들은 만드는 것을 즐깁니다. 친구와 함께 이야기하며 만들면 더 즐겁게 활동에 참여합니다. 교실을 잠깐 벗어나는 것만으로도 세상을 다 가진 듯 좋아합니다. 수업을 교실 밖에서 하면 더 말할 것도 없습니다.

교실 안에서는 자동차 로봇으로 할 수 있는 활동이 제한적입니다. 하지만 교실을 벗어나는 순간 자동차 로봇들을 가지고 할 수 있는 활동들은 많아집니다. 교실 밖 오프로드를 달려 보니 자동차 로봇들의 문제점이 보이고 보완할 수 있는 아이디어들이 떠오릅니다. 이야기할 것들이 많아집니다.

교실이라는 작은 공간이 아이들의 생각을 딱 그만큼만 키우게 하는 것은 아닌가 하는 생각을 합니다. 가끔은 이렇게 운동장, 놀이터, 뒷동산으로 나가 시원한 바람을 맞으며 수업을 해 보는 것은 어떨까요?
아이들은 자유로운 환경 속에서 더 많은 생각을 하고 더 큰 꿈을 가지게 됩니다. 교실 밖은 아이들의 꿈을 펼치기에 충분히 넓고 수업에 활용할 소재들도 많습니다.

3. 무거운 물체도 문제없어요:
유압 시스템을 활용한
중장비 만들기

활동 준비물 :	가위, 테이프, 글루건, 플라스틱 볼트와 너트, 레이저 커팅한 나무판, 주사기, 호스, 케이블타이
중심 교과: 실과	[6실04-05] 다양한 재료를 활용하여 수송 수단을 구상하고 제작한다. [6실05-04] 다양한 재료를 활용하여 창의적인 제품을 구상하고 제작한다.
관련 교과: 미술	[4미02-06] 기본적인 표현 재료와 용구의 사용법을 익혀 안전하게 사용할 수 있다. [6미02-03] 다양한 자료를 활용하여 아이디어와 관련된 표현 내용을 구체화할 수 있다.

그동안 아이들과 함께 생각하며 만들어 보는 메이커 교육을 했습니다. 메이커 교육이라는 표현이 낯설지만 쉽게 말하면 '만들기'입니다. '교실에 있는 다양한 재료를 활용하여 조금 더 생각하며 친구들과 함께 머리를 맞대고 작품을 완성해 가는 만들기'라고 이해하면 쉬울 것입니다.

실과 시간에 다양한 수송 수단에 대해 배우고 미술 시간과 연계하여 아이들과 함께 만들어 볼 것은 중장비입니다. 현재 우리나라 건설기계등록법에 등록된 중장비는 약 27종입니다. 중장비들은 건설공사, 토목공사 등 우리 생활 전반에서 사용되고 있습니다. 그렇다면 그중 여러분이 알고 있는 중장비는 어떤 것이 있나요? 대표적으로 포크레인이 있습니다. 정식 명칭은 굴삭기입니다. 그리고 흙과 돌을 나르는 로더가 있고, 공장이나 물건을 배달하는 곳에서 많이 본 지게차도 있습니다. 이러한 중장비들이 큰 힘을 낼 수 있는 이유는 바로 '유압 시스템' 때문입니다.

먼저 모둠을 나누고 모둠별로 주사기와 나무판, 볼트와 너트 등 필요한 재료들을 챙깁니다. 그런 다음 유압 시스템을 활용해 여러 가지 제품을

재료를 활용해 중장비를 제작하는 아이들

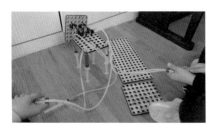
걸어 다닐 수 있는 중장비

버킷에 유압 시스템을 고정한 중장비

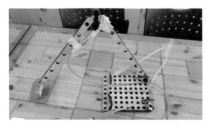
관절 부위에 유압 시스템을 고정한 중장비

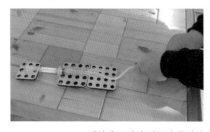
애벌레 모양의 이동식 중장비

만드는 방법을 소개하는 유투브 동영상을 참고하여 제작 활동에 들어갑니다.

종이를 사용하면 오리고 붙이는 데 시간이 오래 걸립니다. 이것을 보완하기 위해 구멍이 뚫린 나무판, 볼트와 너트, 케이블타이를 사용합니다. 재료가 바뀌니 작품을 만드는 시간을 단축할 수 있습니다.

다음으로 어떤 종류의 중장비를 만들지 모둠별로 의논합니다.

첫 번째 모둠은 걸어 다닐 수 있는 유압식 기중기를 만들겠다고 합니다. 네 다리에 주사기 유압 시스템을 장착하여 물체를 올릴 때는 중장비가 바닥으로 내려가고, 물체를 중장비에 올려놓은 후에는 뒷다리부터 일어서는 원리입니다. 그리고 원하는 곳으로 이동해서 물체를 내려놓습니다. 말이나 낙타에 짐을 싣고 원하는 곳으로 이동하는 방법을 중장비에 적용한 것입니다.

두 번째 모둠은 버킷에 두 개의 유압 시스템을 고정한 고정형 굴삭기 모양의 중장비를 만듭니다.

세 번째 모둠은 두 군데 관절에 유압 시스템을 고정해 길게 뻗을 수 있는 고정형 굴삭기 모양의 중장비를 제작합니다.

네 번째 모둠은 여러 차례 실패를 거듭한 후 아주 심플한 애벌레 모양의 이동식 중장비를 선보입니다.

아이들이 중장비를 다 만들면 중장비로 직접 물건을 옮겨 봅니다. 관절이 구부러지지 않거나 물건을 원하는 곳으로 이동시킬 수 없는 경우도 발생합니다. 아이들은 무엇이 잘못되었는지 파악하고 계속해서 중장비를 수정하고 보완합니다.

과거에는 '무엇을 아는가?'가 중요했습니다. 한번 배운 지식을 거의 그대로 계속 사용해도 되었기 때문입니다. 하지만 지금은 '무엇을 할 수 있는가?'가 중요합니다. 다양한 매체가 등장하고 있으며 어제 배운 지식을 그대로 사용할 수 없을 정도로 세상이 빠르게 변하고 있기 때문입니다. 중장비도 마찬가지입니다. 작업 환경, 작업에 투입되는 노동자 수, 소비자의 다양한 요구 등에 맞춰서 그때그때 적절한 중장비가 필요하게 되었습니다. 따라서 상황과 사용 목적에 따라 적절한 중장비를 만드는 것이 중요합니다. 이런 경험과 사고의 반복 과정을 통해 아이들은 자신만의 방법으로 삶의 지식을 체계화하게 됩니다.

주사기와 유압 시스템을 활용한 중장비 만들기 수업 어떠셨나요? 특히 아이들의 작품을 보며 어떤 생각을 하셨나요? 개인적으로는 그동안 진행했던 메이커 교육 중 가장 어려웠고 완성품을 제대로 만들지 못한 수업이었습니다. 아이들은 만들고 부수고 다시 만들기를 반복했지요.

첫 번째 모둠의 걸어 다닐 수 있는 기중기는 원래 로더를 만들 목적이었습니다. 하지만 유압 시스템을 정확하게 적용하기 어려워 변형한 것입니다. 하지만 네 다리가 각각 주사기로 연결되어 있어 안정성이 확연히 떨어집니다. 이 기중기가 현실화되어 실제로 무거운 물체를 옮긴다면 아마 9시 뉴스에 나올 만큼 큰 화제가 될 것입니다.

두 번째, 세 번째 모둠의 굴삭기는 치명적인 단점이 있습니다. 바로 버킷이 움직이지 않는다는 것입니다. 버킷에도 유압 시스템을 적용해야 물건을 집어서 들어 올릴 수 있습니다. 하지만 아이들은 버킷을 글루건으로 고정했습니다. 물건을 집어서 옮길 수 없게 되었습니다.

마지막 모둠의 애벌레 중장비는 앞으로 가지 않습니다. 뒤쪽에 물건을 올려놓으면 앞으로 이동하기가 더욱 어렵습니다. 물체를 싣고 이동하기 위해서는 물체를 끌어당길 수 있을 정도로 큰 힘을 내는 장치가 중장비의 앞쪽에 있어야 합니다. 그렇지 않으면 한 발도 나아갈 수 없습니다.

이렇게 아이들이 만든 중장비는 허점이 많습니다. 하지만 아이들은 중장비를 만들면서 우리가 평소에 보았던 많은 중장비에 유압 시스템이 활용되고 있다는 것을 알게 되었습니다. 그리고 만들고 부수고 다시 만드는 과정에서 계속해서 고민하고 친구들과 이야기를 나누었습니다. 자신만의 아이디어가 들어간 새로운 형태의 중장비도 만들었습니다.

하지만 끝내, 버킷이 구부러지는 곳에 주사기 유압 시스템을 제대로 고정하지 못했습니다. 완벽한 중장비를 완성하지 못했습니다. 물건을 올려놓으면 균형을 잡지 못하고 넘어졌습니다. 조금만 무거우면 앞으로 나아가지 못합니다.

우리 인생도 이와 같습니다. 실패하고 또 실패합니다. 어떻게 잘 되어 가나 싶다가도 결과가 좋지 않을 때가 많습니다. 무언가 이룬 것 같은데 결국에는 남는 것이 없을 때도 있습니다. 하지만 실패의 과정 속에서도 중요한 것 하나는 남습니다. 바로 지혜입니다.

실패를 하면 두려움과 동시에 남들보다 뒤처지고 나만 늦는 것은 아닌가 하는 의심과 불안이 내 마음에 엄습합니다. 이런 걱정과 의심을 떨쳐 버리고 스스로를 단단하게 키워 나간다면 실패에서 얻은 지혜를 바탕으로 더 발전할 수 있습니다.

오늘 우리 반 아이들은 주사기와 유압 시스템을 활용한 중장비 만들기에 실패했습니다. 그러나 만드는 과정에서 눈에 보이지 않는 것들을 배우고 느꼈습니다. 이런 수업들이 모여 가르치는 교사도, 배우는 학생들도 함께 성장할 것입니다.

실패한 수업은 없습니다. 배움이 일어나지 않는다고 미리 단정해 버리는 잘못된 생각만 있을 뿐입니다.

4. 6·25를 기억해요:
6·25 전쟁 영웅 배지 만들기

활동 준비물 :	가위, 원형 핀 배지, 버튼 프레스 제작기
중심 교과: 도덕	[4도03-03] 남북 분단 과정과 민족의 아픔을 통해 통일의 필요성을 알고, 통일에 대한 관심과 통일 의지를 기른다.
관련 교과: 사회, 미술	[6사04-06] 6·25 전쟁의 원인과 과정, 그 피해상과 영향을 알아보고 이해한다. [6미01-04] 이미지를 활용하여 자신의 느낌과 생각을 전달할 수 있다.

도덕 수업에서 남북 분단 과정을 배우고 민족의 아픔에 공감하는 시간을 갖습니다. 이와 연계하여 사회 시간에는 6·25 전쟁에 대해 배우고, 미술 시간에는 6·25 전쟁에서 목숨을 걸고 싸운 전쟁 영웅들을 기념하는 메이커 수업을 합니다. 마침 6월 25일이 다가오고 있네요.

먼저 아이들과 6·25 전쟁 영웅을 어떤 방법으로 기념할 수 있을지 이야기를 나눕니다.

"큰 종이에 6·25와 관련된 인물과 업적을 함께 기록하면 좋겠습니다."

"가방에 항상 걸고 다닐 수 있는 배지나 열쇠고리로 만들면 좋을 것 같아요."

한 아이가 친구 가방에 매달려 있는 열쇠고리를 가리키며 말합니다.

열쇠고리는 내용을 기록하기 어렵기 때문에 배지를 제작해서 가방에 달고 다니는 것이 좋겠다고 의견이 모아집니다.

배지를 제작하는 활동은 다음 주에 시작합니다. 그사이 나는 배지 제작 장비를 가지고 있는 친구에게 연락을 합니다. 배지를 제작하는 장비가 비싸기도 하고 1년 동안 사용할 일이 많지 않을 것 같아서 사지 않고 빌리기로 한 것입니다.

메이커 교육의 수업 준비는 메이커 스페이스 구축이나 장비 구매가 중요한 것이 아닙니다. 교사가 지식과 정보를 사전에 완벽하게 학습하여 갖추는 것을 의미하는 것도 아닙니다. 우리 교실에 무슨 도구가 있고 옆 반 교실에는 무엇이 있으며 동료 교사나 지인이 어떤 도구를 가지고 있는지 파악해 놓는 것 또한 메이커 교육의 준비 과정이라고 볼 수 있습니다. 또한 동 학년 모임, 전문적 학습공동체, 다양한 연수에 참여하여 수업에 활용할 수 있는 정보를 얻는 것도 나만의 메이커 스페이스를 갖추어 나가는 데 도움이 됩니다.

수업 시간에 아이들은 인터넷, 교과서, 도서관에서 대여해 온 책을 활용해 6·25 전쟁 영웅을 찾아봅니다. 잘 알려져 있는 인물을 선정해도 좋고, 잘 알려지지 않았지만 업적을 읽어 보고 자신에게 의미가 있다고 판

출력한 역사 인물 사진 자르기

배지 제작 틀에 넣기

배지 제작 도구로 누르기

단되는 인물을 선정해도 좋습니다. 이렇게 선정한 인물은 위두랑과 밴드, 카카오톡 중 자신의 ICT기기로 접근하기 쉬운 것을 선택해 사진을 올립니다.

아이들이 사진을 올리면 나는 포토스케이프를 활용해 알맞은 크기로 사진을 변환한 후 종이에 출력해서 나누어 줍니다. 사진을 먼저 올린 아이들에게는 메이킹 작업을 할 수 있는 도구들을 준비해 주고, 사진 찾기를 어려워하는 아이들은 도와주며 함께 활동에 참여할 수 있도록 코칭과 퍼실리테이션의 역할도 합니다.

사진 출력물을 받은 아이들 먼저 6·25 전쟁 영웅의 얼굴이 들어간 배지 만들기를 시작합니다. 아이들은 배지 만드는 장비를 처음 사용해 봅니다. 이때 중요한 것이 설명서입니다. 배지 만드는 장비에도 사용 설명서가 붙어 있습니다. 아이들은 설명서를 꼼꼼하게 읽고 이해가 잘 되지 않는 부분은 인터넷을 검색해 이 장비를 먼저 사용해 본 사람들의 후기를 참고합니다.

학습은 경험을 바탕으로 의미가 형성되는 적극적인 과정입니다. 아이들은 선경험, 또는 스스로 찾아보는 적극적인 경험을 통해 문제를 해결하는 결과에 이릅니다. 친구와 함께 이야기를 나누며 반복적인 수정 작업을 통해 '유레카!'라고 외칠 수 있게 됩니다.

배지를 제작하기 위해 아이들은 배지의 틀에 맞추어 사진을 동그랗게 잘라 냅니다. 그리고 설명서에 기록된 순서대로 좌로 놓고 한 번 꾹 누르고, 우로 놓고 또 한 번 꾹 눌러서 배지를 완성합니다.

아이들은 이렇게 제작한 6·25 전쟁 영웅 배지를 가방에 매답니다. 그리고 배지를 보고 궁금해하는 친구에게 배지의 주인공이 어떤 인물이고 어떤 일을 했는지 등을 이야기해 줍니다.

아이들이 제작한 배지는 6월 25일의 의미를 떠올리고 6·25 전쟁에 대해 배우는 계기 교육 때 다시 한 번 활용합니다.

아이들의 소중한 학습 결과물들을 수업 이곳저곳에 활용하는 것은 매우 중요합니다. 눈을 크게 뜨고 살펴보면 그냥 버릴 것은 하나도 없습니다. 국어 시간에 아이들이 기록한 자료가 미술 시간에 활용되고, 도덕 시간에 조사한 내용이 수학 시간에 활용될 수 있습니다.

아이들 스스로 정보를 검색하고, 문제를 해결하고, 디자인한 결과물들이 수업 전반에서 의미 있게 활용되면 좋겠습니다.

5. 함께 살아가요:
간이 습지 만들기

활동 준비물 :	종이 상자, 지점토, 물감 및 채색 도구
중심 교과: 실과	〔6실05-04〕 다양한 재료를 활용하여 창의적인 제품을 구상하고 제작한다.
관련 교과: 과학, 미술	〔6과05-03〕 생태계 보전의 필요성을 인식하고 생태계 보전을 위해 우리가 할 수 있는 일에 대해 토의할 수 있다. 〔6미01-05〕 미술 활동에 타 교과의 내용, 방법 등을 활용할 수 있다.

습지는 하천이나 연못으로 둘러싸인 습한 땅을 말합니다. 예전에는 습지를 쓸모없는 땅이라고 여기는 사람들이 많았습니다. 그래서 습지와 관련된 말은 '고통의 늪', '침체의 수렁' 등과 같이 부정적인 의미로 많이 사용되었습니다. 하지만 습지에는 다양한 식물과 동물이 서로 어우러져 살아갑니다. 생물 다양성 측면에서 매우 중요한 생태계가 바로 습지입니다.

이러한 가치를 지닌 습지에 대해 아이들과 함께 알아보고 간이 습지를 만들어 봅니다. 간이 습지 만들기 수업의 목적은 단순한 만들기가 아닙니다. 학교 밖에서 이루어지는 메이커 교육에서는 눈에 보이는 결과물을 만들어 내는 것을 중요하게 생각합니다. 하지만 초등학교 아이들에게 적절한 메이커 교육은 그것을 '왜 만들어야 하는지'를 스스로 깨닫게 하는 것입니다. 그래서 간이 습지 만들기에 초점을 두기보다는 간이 습지를 만드는 활동에 가기 위한 과정에 더욱 초점을 두고 진행했습니다.

아이들이 배우고 있는 국어 교과서에 '주장하는 글 쓰기' 단원이 나옵니다. 아이들이 재미있어 하는 내용으로 글을 써 보면 좋겠다 싶어, 먼저 아이들과 어떤 내용에 대해 주장하는 글을 쓰고 싶은지 이야기를 나누었습니다. 여러 가지 내용들이 나옵니다. 그중 많은 아이들은 습지와 관련된 내용을 흥미롭게 생각해서 이와 관련된 글을 쓰기로 결정합니다.

단계 1. 습지 조사하기

습지에 대한 글을 쓰기 전에 먼저 해야 할 것이 습지 조사입니다. 아이들은 습지의 의미, 습지의 역할 및 유용성 등 습지에 대한 다양한 정보와 자료를 검색하고 필요한 내용을 기록합니다. 자신이 원하는 간이 습지를 만들고자 할

습지 조사하기

때 중요한 단계가 바로 습지 조사 단계입니다. 습지에 대해 정확하게 알아야 간이 습지를 제대로 만들 수 있기 때문입니다. 또 이 활동의 가치를

깨달을 수 있기 때문입니다. 메이커 교육이 추구하는 하나의 방향이 사회의 문제를 찾아 해결하는 것입니다. 아이들은 습지 조사 단계에서 습지가 파괴되는 현실을 알게 되고 사람들과 공존할 수 있는 습지에 대해 고민합니다.

단계 2. '습지를 보호하자'고 주장하는 글 쓰기

아이들은 스스로 조사하고 작성한 내용을 바탕으로 주장하는 글을 써 내려갑니다. 그러는 사이 간이 습지를 어떻게 만들지도 자연스럽게 구상하게 됩니다. 구상은 그림으로 그리는 것뿐만 아니라 이렇게 글로 정리하는 과정을 통해서도 구체화할 수 있습니다.

주장하는 글 쓰기

단계 3. 질문지 작성하기

습지는 아이들뿐만 아니라 교사인 나 역시 잘 모릅니다. 그래서 습지에 대해 자세하게 알려 주고 아이들의 궁금증을 해결해 줄 전문가가 필요합니다.

전문가 협력 수업을 준비합니다. 아이들은 전문가를 만나면 물어볼 질문들을 미리 정리합니다. 자신이 조사한 습지

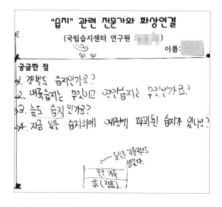

전문가에게 질문할 내용 작성하기

에 대해, 그리고 습지를 제작한다면 어떻게 해야 하는지 등에 대해 질문지에 기록합니다. 질문지에 기록하는 과정을 통해 다시 한 번 '간이 습지 제작'이라는 문제를 해결하고 디자인할 수 있는 아이디어를 얻을 수 있습니다.

단계 4. 전문가 협력 수업

국립습지센터에 근무하는 연구원과 화상으로 연결하여 전문가 협력 수업을 진행합니다. 아이들이 습지를 조사하는 과정에서 생긴 궁금한 점들을 묻고, 또한 전문가로부터 간이 습지에 대한 여러 이야기를 듣습니다.

전문가와 화상 연결

　시간 관계상 전문가로부터 간이 습지를 어떻게 만들어야 하는지에 대해 구체적인 이야기를 듣지는 못했습니다. 하지만 이번 활동에서 중요한 것은 전문가에게서 간이 습지를 만드는 정확한 절차와 방법을 알아내는 것이 아니라, 습지의 고마움과 필요성을 느끼는 것입니다.

습지에 대해 진지하게 생각해 본 적 없는 아이들이 전문가로부터 습지에 대한

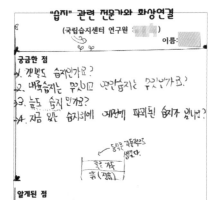

전문가의 응답 내용 기록하기

Part 4 사물, 메이커 교육을 만나다

이야기를 들은 후, 빨리 자신만의 간이 습지를 만들고 싶어합니다. 아이들이 주체가 되어 직접 설계하고 제작하는 학습자 중심 메이커 교육이 이루어지려면 전문가와의 만남 활동처럼 아이들의 흥미와 관심을 불러일으키는 것이 중요합니다.

단계 5. 간이 습지 만들기

국립습지센터에서도 연구를 목적으로 간이 습지를 만들어서 활용하고 있다고 전문가가 이야기해 주었습니다. 아이들은 간이 습지를 만들려고 했던 계획이 터무니없는 우리들만의 이야기가 아니라는 것을 알고 좋아합니다.

아이들은 학교 뒷산인 백아동산에 간이 습지를 만들고 싶어합니다. 하지만 간이 습지를 만들기로 계획한 날에 아침부터 비가 많이 옵니다. 다음 날도 비가 그치지 않고 쏟아집니다. 그 다음 날도 비는 멈추지 않습니다. 간이 습지를 제작하는 것을 더 늦출 수가 없어서 어떻게 할지 아이들과 이야기를 나눕니다.

어떤 아이는 우산을 쓰고 나가서 간이 습지를 만들자고 합니다. 하지

교실에서 간이 습지를 만드는 아이들

만 많은 아이들이 그것보다는 간단하게 교실에서 간이 습지를 만드는 것이 좋겠다고 합니다. 그래서 결국 간이 습지는 처음 계획했던 커다란 규모에서 아주 조그마한 크기로 줄어들었습니다. 하지만 아이들은 습지에 대해 조사하고, 글을 쓰고, 전문가와 만나는 과정을 통해 자신만의 간이 습지를 머릿속으로 이미 제작했습니다. 간이 습지의 크기는 그리 중요하지 않게 되었습니다. 아이들은 교실에서 구할 수 있는 다양한 재료를 활용해 자신만의 간이 습지를 만듭니다. 자신이 직접 설계하고 만든 세상에 단 하나뿐인 간이 습지입니다.

간이 습지 만들기 활동은 제작에 초점이 맞추어져 있지 않습니다. 전체 수업 흐름 속에서도 만들기 활동 시간은 그리 길지 않습니다. 대신 습지에 대해 조사하고, 글을 쓰고, 습지 전문가와 화상으로 만나서 이야기해 보는 활동에 수업 시간을 더 많이 할애했습니다. 이를 통해 아이들은 간이 습지를 만들고자 하는 의욕이 생기고 관심도 높아집니다.

메이커 교육에서 중요한 것은 아이들의 지식과 경험을 높여 실제 활동에 역동적으로 참여하게 도와주는 것입니다. 이를 통해 아이들은 스스로 생각하며 만들 수 있는 연습을 하게 됩니다.

↤ 프로젝트 수업, ↦
메이커 교육을 만나다

1. 내가 살고 싶은 나라 만들기

활동 준비물 :	가위, 풀, 종이, ICT기기
중심 교과: 사회	〔6사02-03〕 인권 보장 측면에서 헌법의 의미와 역할을 탐구하고, 그 중요성을 설명한다. 〔6사05-05〕 민주정치의 기본 원리(국민 주권, 권력 분립 등)를 이해하고, 그것이 적용된 사례를 탐구한다. 〔6사05-06〕 국회, 행정부, 법원의 기능을 이해하고, 그것이 적용된 다양한 사례를 탐구한다.
관련 교과: 국어, 도덕, 음악	〔4국03-03〕 관심 있는 주제에 대해 자신의 의견이 드러나게 글을 쓴다. 〔6도03-02〕 공정함의 의미와 공정한 사회의 필요성을 이해하고, 일상생활 속에서 공정하게 생활하려는 실천 의지를 기른다. 〔4음01-03〕 제재곡의 노랫말을 바꾸거나 그에 맞는 말붙임새로 만든다. 〔4음03-01〕 음악을 활용하여 가정, 학교, 사회 등의 행사에 참여하고 느낌을 발표한다.

우리가 나라를 만든다? 허무맹랑한 이야기로 들릴 것입니다. 하지만 전세계적으로 개인이 만든 초소형 국가(마이크로네이션)가 실제로 존재합니

Part 5 프로젝트 수업, 메이커 교육을 만나다

역대 대통령 재임 기간에
있었던 일을 조사하는 아이들

다. 국민이 있고, 영토가 있고, 심지어 대통령도 있습니다. 따라서 국가를 만드는 것이 불가능한 것만은 아닙니다. 초소형 국가에 대한 영상을 본 아이들은 자신들도 국가를 만들 수 있겠다는 생각을 합니다.

"선생님, 그러면 우리 교실을 영토로 하는 우리만의 나라를 만들 수 있겠네요?"

나라를 만드는 수업이 진행됩니다. 여기서 잠깐! 나라 만들기 수업을 하게 된 계기가 있습니다.

2017년 대한민국에서는 역사적으로 큰 사건이 일어났습니다. 아이들 역시 그 일에 대해 잘 알고 있습니다. 한창 나라가 혼란스러울 때 사회 시간에 아이들과 함께 대한민국 역대 대통령에 대해 알아보았습니다. 초대 대통령인 이승만 대통령부터 시작된 역사 연표를 보면서 대통령 재임 기간에 어떤 일들이 있었는지 살펴보았습니다. 그런 다음 아이들은 미술 시간에 가장 기억에 남는 역사적 사건 하나를 골라 캔버스에 표현해 보았습니다.

우리나라 역대 대통령 재임 기간에 있었던 일들을 배운 아이들은 자신이 어떤 나라를 만들고 싶은지에 대해 보다 구체적인 생각을 가지게 되었습니다. 메이커 교육에서 중요한 것이 아이들의 관심과 흥미입니다. 단순히 무언가를 만드는 것이 아니라 '왜 만드는지'를 끊임없이 생각하는 것입니다. 그래야 아이들이 학습의 주체가 되어 스스로 정보를 찾고, 문제를 해결하고, 자신만의 작품을 만들 수 있습니다.

나는 아이들이 수업 활동에 집중할 수 있도록 나라 만들기 수업에 적합한 교과 몇 개를 연계하여 수업을 디자인합니다.

아이들은 국어 시간에 내가 살고 싶은 나라의 모습을 생각한 후 학습지에 기록합니다. 아직 어리다고 생각한 아이들이지만 글 속에는 자신이 꿈꾸는 나라의 모습이 정확하게 나타나 있습니다. '내가 살고 싶은 나라'에 대해 비

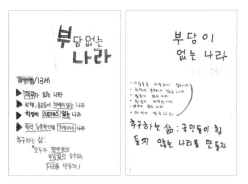
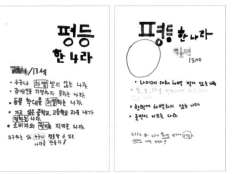

아이들의 '내가 살고 싶은 나라'

슷한 생각을 가진 아이들을 모아 한 모둠으로 만듭니다. 그렇게 생겨난 두 나라가 '그란시어', '두빛나래'입니다. 나라 이름 역시 아이들이 생각하고 결정했습니다.

나라가 생겼으니 가장 먼저 만들어야 할 것이 있습니다. 바로 헌법입니다. 헌법은 그 나라의 사상, 신념, 가치 등을 담고 있습니다. 자신의 나라에 걸맞은 헌법을 만드는 것은 쉬운 일이 아닙니다. 그래서 아이들은 대한민국의 헌법을 살펴봅니다. 대한민국 헌법에 다양한 법을 융합하여

그란시어, 두빛나래 나라의 헌법

자신의 나라가 추구하는 가치를 담아 헌법을 제정합니다.

아이들은 법에 대해 궁금한 것이 참 많습니다. 그래서 평소 법에 대해 궁금했던 점과 아이들이 만든 헌법이 적절한지에 대해 알아보는 시간이 필요합니다. 법에 대한 전문적 지식을 가지고 쉽게 설명해 줄 수 있는 변호사를 찾아 화상 통화를 합니다. 이 시간에 아이들은 법에 대해 궁금한 것들을 묻고 답변을 듣습니다. 또한 변호사는 아이들이 만든 헌법을 살펴보고 수정해야 할 점을 이야기해 줍니다. 나와 아이들 중 누구도 생각지 못한 부분을 짚어 줍니다. 역시 전문가의 눈은 예리합니다. 아이들은 변호사의 조언을 듣고 난 후 헌법을 수정합니다. 변호사와 화상 통화를 하기 전에도 아이들은 수차례 수정을 거듭하며 헌법을 만들었습니다. 그

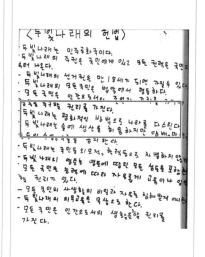

변호사와 화상 연결 수업 후 수정한 그란시어, 두빛나래 나라의 헌법

리고 화상 통화를 한 후에 또 헌법을 수정합니다. 이런 반복의 과정이 아이들의 생각을 체계적이고 단단하게 만들어 줍니다. 그리고 결과물을 더욱 풍성하게 만들어 줍니다.

헌법이 만들어졌으니 이제는 정부를 조직합니다. 아이들 수준에서 정확한 정부 구성도를 만드는 것은 어렵습니다. 그래서 찾아낸 방법이 대한민국 정부 구성도를 활용하는 것입니다. 대한민국 정부 구성도를 참고하여 자신의 나라에 맞게 부서를 배치하고 불필요한 부서는 삭제하는 작업을 통해 정부 구성도를 완성합니다.

사실 헌법, 삼권분립, 정부 등을 수업 시간에 모두 학습하기에는 시간이 모자랍니다. 아이들이 이 모든 내용을 완벽히 이해하기도 어렵습니

디딤영상을 보고 정리한
내용을 바탕으로 이야기 나누기

국기 제작하기

국가 만들기

화폐 만들기

다. 그래서 생각한 방법이 디딤영상입니다. 아이들은 교사인 내가 제작했거나 선별한 영상 자료를 가정에서 보고 노트에 그 내용을 정리합니다. 그리고 수업 시간에 10분 정도 자신이 정리한 내용을 반 친구들과 공유합니다. 이러한 과정을 통해 아이들의 배경 지식은 넓어지고 간접 경험의 폭은 커집니다. 물론 직접 경험이 가장 좋습니다. 하지만 현실적으로 그렇게 할 수 없을 때는 간접 경험을 통해 스키마를 길러 주는 것이 필요합니다. 이렇듯 거꾸로 수업에서 활용되는 디딤영상은 창의적이고 구체적인 결과를 만들어 내는 메이커 교육에서도 유용합니다.

이제 나라의 근간을 이루는 기본 뼈대가 만들어졌습니다. 다음은 뼈대를 감싸고 있는 근육을 만들 차례입니다. 아이들과 함께 나라가 갖추어지기 위해 필요한 구성 요소로는 무엇이 있을지 이야기를 나누어 봅니다.

"우리나라에 애국가가 있는 것처럼

나라의 노래가 있으면 좋겠어요."

"태극기처럼 국기가 있어야 해요."

"우리나라만의 화폐도 필요해요."

아이들은 자신의 나라에 필요한 다양한 것들을 말합니다. 아이들의 의견을 비슷한 항목으로 분류한 후 하나하나 제작에 들어갑니다.

색깔과 모양에 자신의 나라가 추구하는 의미를 담아 국기를 제작하고, 나라를 상징하는 단어를 넣어 국가를 만듭니다. 국가를 작곡하는 것은 어렵습니다. 아이들은 기존 곡에 가사를 새로 붙여 국가를 만듭니다. 화폐의 단위를 무엇으로 할 것이며, 화폐 안에 어떤 그림이 들어갈지에 대해서 고민합니다.

이 외에도 나라의 주요 건물들을 어디에 배치할지 구상도를 그립니다. 건물의 위치를 보면 그 나라가 어떤 것을 중요하게 여기는지 알 수 있습니다. 아

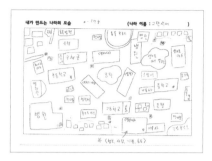

국가의 주요 건물 세우기 - 그란시어

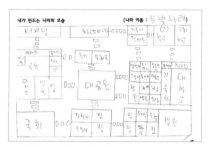

국가의 주요 건물 세우기 - 두빛나래

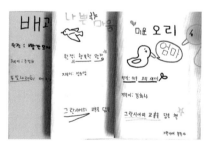

그란시어, 두빛나래의 동화책 만들기

이들이 배치한 건물들을 살펴보면 나름의 삼권분립이 표현되어 있습니다. 관찰과 학습을 통해 알게 된 지식이 작품에 자연스럽게 나타납니다. 국민의 권리와 의무에 대해 이야기를 나누고 세계인권선언문을 기초로

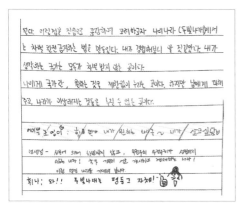

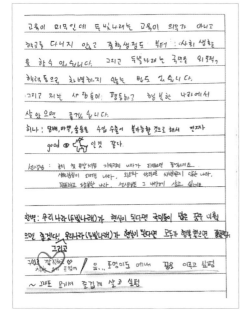

**'내가 생각하는 국가'의 모습과
친구들의 피드백**

그란시어, 두빛나래의 인권선언문도 만듭니다.

책을 보면 그 나라의 사상과 생각, 이념을 알 수 있습니다. 특히 동화책은 그 나라의 전통과 교훈까지 담고 있습니다. 아이들은 그란시어, 두빛나래 나라가 후손들에게 전해 주고 싶은 교훈을 담아 동화책을 만듭니다. 그리고 대한민국 국보 제1호 숭례문이 있는 것처럼 그란시어, 두빛나래에도 국보가 있습니다. 아이들은 정성을 들여 국보를 제작합니다.

이제 나라의 모습이 어느 정도 갖추어졌습니다. 여기서 다시 아이들과 함께 왜 이 활동을 했는지 생각하는 시간을 갖습니다. '내가 생각하는 국가란 어떤 모습인가?'라는 질문에 스스로 생각해 보는 시간을 주어 아이들의 사고가 수업 속에서 의미 있게 조직되도록 합니다.

'내가 살고 싶은 나라 만들기' 수업이 한창 진행되던 중에 청와대와 국회의 사당을 방문할 기회가 생겼습니다. 교실에서 배우던 곳을 직접 눈으로 보니 수업의 효과가 높아집니다. 아이들도 청와대와 국회의사당을 구경하며 수업 시간에 만들었던 많은 것들에 대해 자연스럽게 이야기를 나눕니다.

청와대 방문   국회의사당 방문

나라를 만들었으니 공포하는 것이 빠지면 안 됩니다. 여러 선생님들을 앞에서 '내가 살고 싶은 나라 만들기' 수업의 마지막 단계가 이루어집니다. 그동안 아이들이 만든 모든 것들을 전시해 놓고 자신의 나라에 대해 소개합니다. 공개 수업이지만 교사는 할 일이 없습니다. 모든 설명을 아이들이 직접하기 때문입니다. 시작과 마지막 정리 부분에서만 교사가 잠깐 등장합니다.

나라를 만드는 것은 어렵습니다. 해야 할 일이 너무 많습니다. 한 모둠의 아이들이 나라를 만드는 데도 이렇게 많은 시간이 걸리고 의견이 다양한데 인구 5천만이 사는 나라를 만들고 유지하는 것은 더더욱 어려울 것입니다.

우리 아이들이 대한민국에 대해 조금이나마 더 알았으면 좋겠습니다. 그리고 대한민국도 아이들의 바람처럼 그런 멋진 나라가 되었으면 좋겠습니다.

2. 세계여행 Go, 욜로 Go

활동 준비물 :	가위, 종이, ICT기기(스마트폰 등), HP Reveal 앱
중심 교과: 사회	[6사07-05] 우리나라와 관계 깊은 나라들의 지리 정보를 조사하고, 정치·경제·문화 면에서 맺고 있는 상호 의존 관계를 탐구한다. [6사07-06] 이웃 나라들(중국, 일본, 러시아)의 자연적, 인문적 특성과 교류 현황을 조사하고, 이를 바탕으로 상호 이해와 협력의 태도를 기른다.
관련 교과: 체육	[4체03-02] 단순한 규칙으로 이루어진 게임을 수행하며 경쟁에 필요한 기본 기능을 탐색한다. [4체03-04] 경쟁의 과정에서 규칙의 필요성을 알고 합의된 규칙을 준수하며 게임을 수행한다.

아이들은 세계 여러 나라의 특징에 대해 말하는 것을 어려워합니다. 이는 우리나라의 특징에 대해 배운 후 이야기를 나누었던 수업 장면에서도 동일하게 나타납니다. 지리적인 내용은 외워야 할 것이 많고 여러 내용을 연관시켜 기억해야 하기 때문에 배운 내용을 말하기가 쉽지 않습니

다. 어떻게 하면 아이들이 즐겁게 참여할 수 있는 수업으로 만들 수 있을까? 아이들과 함께 고민을 나누고 해결책을 찾아봅니다. 그래서 찾아낸 수업 방법이 간접적으로 세계여행을 다녀 보는 것입니다.

아이들이 직접 수업을 구성하고 세계여행에 필요한 자료들 찾아 제작하며 수업의 진행부터 마무리까지 모두 주도합니다. 교사의 역할은 아이들이 창의적으로 생각할 수 있도록 분위기를 만들고 친구들과 협조하며 나아갈 수 있도록 중간에서 조정해 주는 것입니다.

이런 수업의 형태를 2015 개정교육과정에서는 '학생 참여형 수업'이라는 단어를 사용해 표현하고 있습니다. 메이커 교육이 추구하는 방향과 2015 개정교육과정에서 강조하는 학생 참여형 수업은 그 결을 같이하고 있습니다. 학생이 주체가 되어 지속적인 사고의 과정 속에서 일어나는 스스로 학습은 메이커 교육에서도 강조하는 부분입니다. 학생들이 적극적으로 참여할 때 '학생 참여형 수업'이 가능합니다. 이런 수업을 통해 아이들은 스스로 지식을 구성하게 됩니다.

'욜로(YoLo) - You Only Live Once'는 아이들과 세계여행에 대해 이야기하면서 언급했던 용어입니다. 아이들은 세계여행과 욜로는 뗄 수 없는 관계이기에 이번 수업의 이름에 꼭 넣어야 한다고 말합니다. 이런 아이들의 생각을 반영해 수업의 명칭이 '세계여행 GO, 욜로 GO'로 정해집니다.

교실에서 재미있게 떠나는 '세계여행 GO, 욜로 GO' 수업은 아이들이 직접 수업 계획서를 만드는 일부터 ICT기기와 앱을 사용해 세계여행을 하기까지 총 10단계의 과정을 거쳐 진행됩니다. 아이들이 주체가 되어 진행된 수업에서는 다양한 결과물이 만들어지고 활용됩니다. 세계 여러 나라에 대한 문제들이 기록된 작은 종이에서부터 ICT기기를 활용하여 자료를 만드는 방법까지, 아이들은 스스로 정보를 찾고 디자인해서 창의적인 결과물을 만들어 냅니다.

1단계에서 아이들은 수업 주제 망을 작성하면서 이번 수업에서 무엇을 알아야 하는지 전체적인 흐름을 조망합니다. 그러고 나서 직접 수업을 계획하고 수업에 필요한 내용을 선별합니다. 이를 통해 아이들은 다양한 지식을 융합하여 체계화할 수 있습니다.

2단계에서는 수업 계획서를 작성하면서 스스로 계획하는 방법을 익히고, 자신의 경험을 활용해 배워야 할 지식을 나름대로 해석하게 됩니다. 이렇게 작성된 수업 계획서는 수업이 진행되는 과정에서 언제든지 참고할 수 있도록 보조 칠판에 부착합니다.

아이들이 제작한 사소한 결과물 하나에도 나름의 창의적인 생각과 고민, 노력이 스며 있습니다. 이를 소중히 여기며 수업 과정에서 반복적으로 활용하면 아이들의 학습 의욕은 높아집니다.

3단계에서는 5대양 6대륙에 대해 알아봅니다. 5대양 6대륙을 교과서만으로 학습하기에는 내용이 부족합니다. 그렇다고 인터넷 검색을 활용하기에도 내용이 너무 방대하고 어렵습니다. 아이들은 교과서와 인터넷 검색 외에 다른 방법은 없는지 친구들과 이야기를 나눕니다. 이미 교탁에는 『사회과부도』가 놓여 있습니다. 하지만 아이들은 이것을 모른 채 이야기를 나누고 있습니다. 아이들의 논의가 길어지자 살며시 『사회과부도』

를 보여 줍니다. 수업의 주체는 아이들입니다. 교사는 아이들이 선경험을 떠올릴 수 있도록 도와주면 됩니다. 아이들은 역사 시간에 『사회과부도』를 활용한 경험이 있습니다. 『사회과부도』를 살짝 보여 주는 것만으로, 아이들은 지난 수업 경험을 떠올리며 활동에 접목시킬 준비를 합니다. 교과서에서 자세히 알 수 없었던 5대양 6대륙의 다양한 특징들에 관해 『사회과부도』를 활용하여 조사합니다.

메이커 교육, 학생 참여형 수업을 할 때 어려운 점이 두 가지 있습니다. 부족한 수업 시간과 저마다 다른 아이들의 배경지식입니다. 생각하고 무언가를 만드는 활동 시간은 항상 부족합니다. 아이들은 수업 주제에 대해 어느 정도 알고 있어야 활동에 더 적극적으로 참여하고 문제에 봉착했을 때도 포기하지 않고 해결하려는 의지를 가질 수 있습니다.

이러한 문제점을 해결하기 위해 디딤

1 수업 주제 망 작성하기

2 수업 계획서 짜기

3 『사회과부도』를 활용해 조사하기

영상을 사용합니다. 디딤영상은 교사가 직접 제작할 수도 있고, 기존에 만들어진 다양한 영상 자료를 가져와 수업에서 활용할 수 있습니다. 어떤 것을 사용할 것인지는 수업의 목적과 흐름, 학생들의 특성 등을 고려하여 교사가 선택하면 됩니다. 4단계에서는 바로 디딤영상을 활용하여 5대양 6대륙에 대해 알아봅니다.

이때 간과해서는 안 되는 것이 바로 아이들이 가정에서 시청한 영상의 내용을 정리하는 것입니다. 이 단계가 빠지면 영상 자료는 스쳐 지나가는 만화영화와 다를 바 없습니다. 아이들이 반복되는 실패 속에서 학습의 주체가 되기보다 교사에게 많은 것을 의존하는 객체로 전락할 수도 있습니다. 따라서 디딤영상을 본 후에는 반드시 노트에 정리하고 본 활동에서는 노트에 기록한 내용을 바탕으로 친구들과 이야기하며 지식을 넓혀 가는 과정이 필요합니다. 그리고 아이들 스스로 지식을 구성할 수 있도록 교사가 옆에서 지켜보며 지원과 코칭을 해 주어야 합니다.

5단계에서는 『사회과부도』, 디딤영상, 교과서를 통해 배운 5대양 6대륙을 중심으로 세계 여러 나라에 대한 문제를 제작합니다. 어떤 아이는 유럽의 특징에 대해 네모 칸을 채우는 방법으로 문제를 출제하고, 또 어떤 아이는 남아메리카에 대해 5지선다형으로 문제를 만듭니다. 아이들이 출제한 문제는 서술형 문제, 단답형 문제, 5지선다형 문제, OX 문제 등 각양각색입니다. 예를 들면 다음과 같습니다.

[문제 1] 다음은 5대양 중 하나인 태평양에 대한 설명입니다. 맞으면 ○표를, 알맞지 않으면 X표를 고르세요.

태평양은 가장 큰 바다로 아시아, 오세아니아, 북아메리카, 남아메리카 대륙 사이에 있으며 우리나라와 인접해 있습니다.	
○	X

[문제 2] 각 대륙에 속한 나라가 잘못 연결된 것은 어느 것일까요?

1. 아시아: 대한민국, 일본, 중국, 몽골

2. 아프리카: 이집트, 소말리아, 케냐

3. 유럽: 프랑스, 이탈리아, 영국

4. 오세아니아: 오스트레일리아, 뉴질랜드, 투발루

5. 북아메리카: 칠레, 브라질, 아르헨티나

아이들은 문제를 출제하기 위해 스스로 다양한 자료를 참고합니다. 또한 자신이 출제한 문제의 예상 답안을 만들기 위해 자료들을 꼼꼼하게 읽고 정리합니다.

메이커 교육에서는 학생들의 구체적인 결과물을 기대합니다. 이 결과물은 3D프린터 같은 거대한 장비를 이용해 만든 것만을 의미하지 않습니다. 종이, 풀, 가위 등 아날로그적인 도구를 활용하더라도 그 안에 학생들의 창의적인 생각과 체계적인 지식이 들어가 있다면 충분히 훌륭한 결과물이 됩니다.

아이들이 직접 ICT기기를 제작할 수는 없습니다. 하지만 이미 완성품으로 만들어진 ICT기기를 새로운 방법으로 수업에 활용한다면 그 역시 가치 있는 결과물입니다. 6단계에서는 ICT기기와 증강현실(Augmented

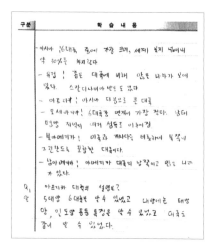

구분	학 습 내 용

- 아시아 ¦ 6대륙 중에 가장 크며, 세계 육지 넓이비 약 30%를 차지한다.
- 유럽 ¦ 좁은 대륙에 비해 인구는 나라가 모여 많다. 스칸디나비아 반도 들 있다
- 아프리카 ¦ 아시아 다음으로 큰 대륙
- 오세아니아 ¦ 6대륙중 면적이 가장 적다. 남의 명명 지역의 여러 섬들로 이루어짐
- 북아메리카 ¦ 미국과 캐나다 등등으로 북쪽에 그린란드 포함한 대륙이다.
- 남아메리카 ¦ 아메리카 대륙의 남쪽에 있는 나라 들이다.

Q, 우 : 아프리카 대륙의 설명으로
5대양 6대륙 알 수 있었고 내일에는 태평양, 인도양 등등 특징을 알 수 있었고 대륙도 알아 볼 수 있었습니다.

4 디딤영상 보고 학습 내용 기록하기

5 세계여행 문제 출제하기

6 ICT기기와 앱을 활용해 문제 숨기기

Reality, AR) 앱인 HP Reveal을 활용합니다. 증강현실은 현실에 가상의 세계를 겹쳐서 보여 주는 새로운 기술로 우리에겐 AR이라는 단어로 익숙합니다. 이 앱은 ICT기기의 플레이 스토어나 애플 앱에서 무료로 내려받을 수 있습니다.

아이들은 다른 학년 학생들을 이번 '세계여행 GO, 욜로 GO' 수업에 초대해 함께할 수 있도록 ICT기기에 증강현실 앱인 HP Reveal을 깔아 놓습니다. 그리고 나서 친구들과 함께 ICT기기를 들고 학교 구석구석에 문제를 숨깁니다. 문제를 숨기는 방법은 다음과 같습니다.

먼저, 5대양 6대륙에 대한 문제 한 개를 고른 다음 HP Reveal 앱을 실행시켜 사진으로 찍습니다. 똑같은 방법으로 복도에 걸려 있는 액자를 사진으로 찍습니다. 그런 다음 문제 사진을 액자 사진과 연결시킵니다.

여기까지가 문제를 숨기는 방법이고, 문제를 찾는 방법은 더욱 쉽습니다. HP Reveal 앱을 실행시킨 뒤 ICT기기를 액자에 가져다 대기만 하면 됩니다.

그러면 HP Reveal 앱이 액자를 인식하
고 액자 사진과 연결된 5대양 6대륙 문
제를 화면에 보여 줍니다.

이때 중요한 과정이 하나 있습니다.
문제를 숨긴 후에 ICT기기에 문제가 잘
보이는지 확인하는 것입니다. 메이커 교
육에서는 제작, 점검, 수정, 보완의 과
정이 필요합니다. 이 과정을 통해 아이
들은 성공과 실패를 경험하며 관찰과 협
력을 통해 지식과 정보를 구성하게 됩니
다. 즉 문제 해결을 위해 사고를 반복하
는 과정 속에서 자연스럽게 학습이 일어
납니다.

7 논의를 통해 세계여행 활동 규칙 만들기

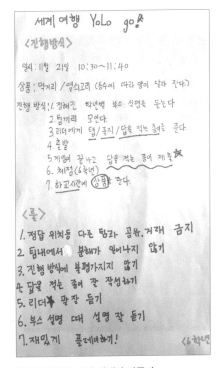

다른 학년 학생들을 수업에 초대하
기 전, 빠뜨리면 안 되는 중요한 단계가
남았습니다. 7단계와 8단계입니다. '세
계여행 GO, 욜로 GO' 수업에 참여하
기 위해서는 참여 방법, 규칙, 문제 해
결에 필요한 힌트, 내용 설명 등이 필요
합니다. 이를 위해 활동 규칙은 어떻게

8 세계여행을 위한 안내장 만들기

할 것인지, 여행의 세부 순서는 어떻게 되는지, 변수가 발생했을 때 어떻
게 대처해야 할지 등에 대해 논의합니다. 친구들과 문제 해결을 위해 나

⑨ 여행 활동 규칙과 순서 설명하기

⑩ ICT기기와 앱을 사용해 활동에 참여하기

누는 이야기는 의미를 형성하는 중요한 과정입니다. 이 과정은 기록을 통해 더욱 체계적으로 조직됩니다. 여기까지가 7단계이고, 논의한 내용을 바탕으로 다른 학년 학생들을 위해 안내 자료를 만들고 그들이 활동에 사용할 학습지를 제작하는 것이 8단계입니다.

이제 세계여행 수업 활동의 기초 작업이 마무리되었습니다. 9단계와 10단계는 세계여행 활동에 참가할 다른 학년 학생들을 초대하여 여행의 규칙과 방법 등을 안내하고, 실제로 활동을 해 보는 것입니다.

중간놀이 시간을 활용하여 전교생이 우리 반 교실에 모입니다. 세계여행 활동 참가자 인원수를 고려하여 적절하게 모둠을 나눕니다. 아이들이 오랫동안 논의하여 결정한 세계여행 활동 규칙, 문제 해결 방법 등을 안내합니다. 그리고 드디어 '세계여행 GO, 욜로 GO' 활동을 위해 함께 학교 구석구석을 여행하기 시작합니다.

학교가 시끌벅적합니다. 아이들이 특별실, 복도, 현관 출입구 등 학교 전체를 누비고 다니기 때문입니다. 이곳저곳에서 문제를 해결한 아이들의 환호성과 도움을 주는 말소리가 들려옵니다.

'세계여행 GO, 욜로 GO' 수업을 하기 위해 아이들은 스스로 많은 것들을 준비했습니다. 다양한 자료를 활용하여 지식을 구성하고 이를 결과물로 제작했습니다. 또한 증강현실 앱인 HP Reveal를 ICT기기에서 제대로 작동시키기 위해 아이들은 계속 이야기를 나누었습니다. 인터넷 검색을 통해 앱의 사용 방법을 찾아보고 문제점을 하나씩 해결해 나갔습니다. 이 앱에 대해 잘 알고 있는 옆 반 선생님에게서 도움을 받기도 했습니다. 이러한 경험들을 통해 아이들은 문제 해결의 실마리를 찾을 수 있었고, 반 친구들과 이야기한 내용을 바탕으로 창의적인 아이디어도 떠올렸습니다.

'세계여행 GO, 욜로 GO' 수업을 준비한 아이들뿐만 아니라 수업에 참여한 여러 학년의 아이들도 관찰을 하고 문제를 해결하는 경험을 통해 세계에 대한 지식을 구성할 수 있었습니다.

배움은 교사가 전해 주는 지식을 통해서만 얻을 수 있는 것이 아닙니다. 아이들이 스스로 생각하고, 이야기를 나누고, 프로젝트를 조작하고 구성하는 과정에서 더욱 많은 배움이 일어납니다. 그리고 자신이 이해한 것을 말로 표현하는 활동을 통해 배움을 정리할 수 있습니다. '세계여행 GO, 욜로 GO' 수업을 통해 모든 아이들이 즐겁게 배움의 세계를 탐험하면 좋겠습니다.

3. 안전사고는 이제 그만!

활동 준비물 :	종이, 테이프, 글루건, 호미, 노트북, 팅커캐드 프로그램, 3D프린터
중심 교과: 도덕	[4도04-01] 생명의 소중함을 이해하고 인간의 생명과 환경 문제에 관심을 가지며 인간 생명과 자연을 보호하려는 태도를 가진다.
관련 교과: 체육, 실과	[6체05-05] 야외 활동에서 발생하는 안전사고의 사례를 조사하고 예방 및 대처 방법을 익혀 위험 상황에 대처한다. [6실05-03] 생활 속에 적용된 발명과 문제 해결의 사례를 통해 발명의 의미와 중요성을 이해한다.

4월이 되면 날씨는 따뜻해지고 꽃은 활짝 피어납니다. 사람들은 가벼운 옷차림으로 산과 들로 여행을 떠납니다. 하지만 따스한 4월이 되어도 마냥 기뻐하지 못하는 사람들이 있습니다. 가족을 잃은 기억으로 가슴 한 곳에 슬픔을 간직한 세월호 유가족들과 유가족들의 아픔을 함께 지켜본 대한민국 국민입니다.

4월 16일, 아이들과 함께 세월호 사건을 다시금 살펴봅니다. 세월호 추모 영상을 보며 그때의 아픔을 함께 느껴 봅니다. 보기만 하면 기억에 오래 남지 않으므로, 영상의 내용을 손과 마음에 기억할 수 있도록 학습지에 자신의 생각을 기록합니다.

　– 세월호 추모 영상을 보고 느낀 점
　– 이와 같은 일이 다시 일어나지 않도록 우리 사회가 해야 할 일

작성한 학습지를 칠판에 모두 붙여 놓으면, 아이들은 친구들이 어떻게 기록했는지 보며 서로의 생각을 나눕니다. 이렇게 학습지를 돌려 읽으면 자신만의 생각에서 벗어날 수 있고, 각자 생각의 수준을 조금 더 높일 수 있습니다. 돌려 읽기를 마친 후에는 친구들의 학습지에 코멘트를 달아 줍니다. 코멘트를 달아 주는 것에도 나름의 방법이 있습니다.

첫째, 글의 내용에 주목해서 코멘트 달기

1 세월호 추모 영상 보기

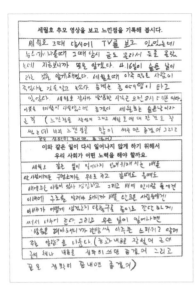

세월호 추모 영상을 보고 느낀점을 기록해 봅시다.

이와 같은 일이 다시 일어나지 않게 하기 위해서
우리 사회가 어떤 노력을 해야 할까요.

2 세월호 추모 영상을 보고 느낀 점 기록하기

3 친구들이 세월호에 대해 기록한 내용을 함께 보기

둘째, 칭찬할 점을 찾아 많이 이야기한 후에 부족한 점 이야기하기

이 두 가지를 강조하면 아이들은 눈에 보이는 글씨를 벗어나 내용에 집중해서 글을 읽을 수 있습니다. 또한 자신이 쓴 글을 친구에게 보여 주는 것을 부끄러워하는 아이들에게도 도움을 주게 됩니다.

여기까지의 활동은 아이들이 스스로 창의적인 작품을 만들기 위한 기초 작업입니다. 스스로 생각하고 반성하고 느낄 때 아이디어는 더 많이 떠오르고 활동에 적극적으로 참여할 수 있습니다. 아이들은 이와 같은 경험을 토대로 학교 구석구석을 돌아다니며 위험한 곳은 없는지 찾아봅니다. 평상시에는 그냥 지나치는 곳이었지만, 확실한 목적의식과 생각을 가지고 살펴보니 위험한 곳들이 눈에 보입니다.

"본관과 후관 사이 자갈 바닥의 팬 곳에 발이 걸려 넘어질 수 있음!"

"정수기의 뜨거운 물이 나오는 곳에 안내 표지판이 너무 작음!"

"교실 미닫이문을 열고 닫을 때 문틈 사이가 벌어져 있어 그 사이에 손가락이 낀 경험이 있음!"

"화장실 문을 안으로 당겨야 하는지, 밖으로 밀어야 하는지 안내판이 없어서 들어오는 사람과 나가는 사람이 부딪히는 경우가 있었음!"

"후관으로 나가는 문 위에 전선이 고정되어 있지 않음!"

친구들과 함께 생각을 나누며 다시 바라본 학교는 위험한 곳이 참 많습니다. 위험한 곳을 발견했으니 이제 적절하게 해결해야 하는 과제가

호미와 삽으로 바닥과 경계석의 높이를 맞춘 모습

생깁니다. 아이들은 교실로 돌아와 어떻게 해결할지 방법을 찾아봅니다. 친구들과 이야기도 나누고 인터넷을 활용해 해결에 필요한 아이디어도 얻습니다. 물론 교사이자 어른인 나에게는 이를 해결할 더 좋은 아이디어가 있습니다. 하지만 아이들이 스스로 생각하고 해결할 수 있도록 기다려 주어야 합니다. 지속적으로 격려도 해 줍니다. 티칭보다는 칭찬과 격려가 더 좋은 결과물을 만들어 줄 것이기 때문입니다.

아이들은 교실에서 구할 수 있는 도구를 활용해 자신들이 할 수 있는 수준에서 해결책을 만듭니다.

먼저, 본관과 후관 사이의 팬 바닥은 창고에서 호미와 삽을 가져와 근처의 흙과 자갈로 덮어 줍니다. 자갈길 바닥과 주위 경계석의 높이를 맞추어 발이 빠지지 않도록 합니다.

다음으로, 정수기 문제를 해결하러 갑니다. 뜨거운 물이 나오는 곳에 있는 위험 표지판이 너무 작습니다. 조금 더 크고 한눈에 뜨겁다는 것을 알 수 있는 표지판을 만들기로 합니다. 아이들은 팅커캐드를 활용해 '뜨거움 주의'라는 문구를 모델링합니다. 모델링한 후에는 큐라 프로그램에서 3D프린터로 출력할 수 있도록 파일을 변환합니다. 하지만 생각처럼

팅커캐드로 디자인하고 3D프린터로 출력한 위험 표지판을 정수기에 부착한 모습

모델링이 잘 되지 않아 오류가 생깁니다. 이를 발견한 아이들은 다시 모델링을 수정합니다. 몇 번의 실패와 수정 논의를 거쳐 3D프린터로 출력할 수 있는 파일로 변환되었습니다. 그런데 3D프린터의 출력 필라멘트가 흰색이기 때문에 결과물도 모두 흰색으로 출력됩니다. '뜨거움 주의'라는 글씨가 생각한 것처럼 눈에 확 들어오지 않습니다. 이 문제를 어떻게 해결할지 다시 이야기를 나눕니다.

"유레카!"

아이들은 평소에 봤던 간판이나 광고에서 강조하고 싶은 것, 위험한 것을 나타낼 때 빨간색을 사용한다는 것을 생각해 냅니다. 친구들과 이야기를 나누는 과정에서 '아하! 모먼트'를 경험하게 됩니다.

3D프린터로 출력된 하얀 출력물에 '뜨거움 주의'라는 글씨가 잘 보이도록 빨간색 네임펜으로 색을 칠합니다. 이렇게 완성된 출력물은 양면테이프를 이용해 정수기의 뜨거운 물이 나오는 곳 위에 붙입니다.

메이커 교육에서 중요한 것은 일상생활의 문제를 발견하고 이를 해결하는 것입니다. 거창하거나 화려하지 않아도 됩니다. 아이들 수준에서 찾고, 생각하고, 이야기 나누고, 공유하고, 해결하면 됩니다. 이제 누가

3D프린터로 문손잡이를 출력하여 문에 고정시키는 모습

보더라도 뜨거운 물이 나오는 곳이라는 것을 알게 되어 손을 데는 일이
줄어들 것입니다.

　세 번째로, 교실 문의 손잡이 문제를 해결합니다. 아이들은 교실 문을
여닫을 때 손가락이 문틈 사이에 끼는 경험을 종종 했습니다. 튀어나온 손
잡이를 만들어 달면 손가락이 다치지 않겠다는 생각을 합니다. 문에 어떤
것을 고정하면 좋을지 이야기를 나누면서 교실에서 구할 수 있는 여러 재
료들을 문에 붙여 봅니다. 하지만 손잡이 모양이 아니어서 잡기 힘들고, 크
기가 너무 크거나 작아 활용 가치가 낮습니다. 그래서 아이들은 3D프린터
를 이용해 자신들이 원하는 크기와 모양을 갖춘 손잡이를 만들기로 결정합
니다. 이 과정은 '뜨거움 주의' 위험 표지판을 만들 때보다 더 많은 시간과
노력이 필요했습니다. 또한 창의적인 생각이 더 많이 필요했습니다.

　아이들은 협력과 생각의 공유를 통해 원하는 크기와 모양의 결과물을
출력합니다. 그리고 글루건과 작은 못을 사용해 미닫이문에 고정시킵니
다. 문을 밀 때 떨어지지 않는지 확인해 봅니다. 아이들은 고정한 손잡이
를 잡고 문을 열고 닫기를 반복합니다. 스스로 문제를 해결한 결과를 확
인하는 아이들의 표정이 밝아 보입니다.

화장실 문에 안내 문구를 부착하고, 현관문 위쪽에 노출된 전선을 고정하는 모습

네 번째로, 화장실 문에 대한 문제를 해결합니다. 화장실 문을 어떻게 열어야 하는지에 관한 문제는 친구들과 이야기를 나누면서 의외로 간단하게 해결책을 찾습니다. 화장실 안 유리문에 이렇게 쓴 종이를 붙입니다.

"꼭! 당기시오."

화장실 밖의 유리문에는 이렇게 쓴 종이를 붙입니다.

"꼭! 미시오."

드디어, 마지막 문제를 해결합니다. 후관 건물로 가는 현관문 위에 전선을 정리해 주는 플라스틱 홀더가 있는데, 나사가 풀려 전선이 밑으로 약간 늘어져 있습니다. 아이들의 키보다 높은 곳이라 평소에는 눈에 보이지 않는 곳입니다. 하지만 시간이 지나 나사가 완전히 풀리면 문 밑을 지나가는 아이들의 머리 위로 전선이 떨어질 수 있기에 글루건과 나사못을 이용해 튼튼하게 고정합니다.

모든 문제의 해결책은 간단합니다. 하지만 이런 해결책이 나오기 위해서는 생활 속 불편함과 위험함에 대해 생각해 볼 기회가 있어야 합니다. 이런 생각의 기회를 통해 아이들은 자신이 살고 있는 공간에 대해 생각하고 이를 발전시키기 위해 노력하게 됩니다.

아이들은 학교 안의 위험 요소를 찾아보고 다양한 도구와 방법을 사용해 문제를 해결했습니다. 교과서 내용을 암기하고 시험 문제만 잘 푸는 것이 학습의 목적이 아닙니다. 배우고 익혔다면 이것을 실생활에 적용해 더 나은 세상이 될 수 있도록 하는 것이 메이커 교육이 나아가는 방향이자 배움의 이유입니다.

땅이 팬 것을 메우기 위해서는 바닥과 경계석의 높이를 같게 해야 한다는 수학적 개념을 이해해야 하고, 호미와 삽을 사용하는 방법도 알아야 합니다. 3D프린터를 활용해 출력하기 위해서는 출력물의 크기를 어림해 보는 수학적 능력이 필요하고, 물체의 모양을 머릿속으로 그려 보는 심상 능력도 요구됩니다. 미술의 심미적인 능력도 필요합니다.

문을 여닫을 때 어떻게 하면 들어가는 사람과 나오는 사람이 안전하게 출입할 수 있을지 알기 위해서는 수학의 공간감각과 과학의 위치 개념이 필요합니다. 또 현관문처럼 높은 곳에 있는 물체를 고정시키려면 알맞은 높이의 받침대를 사용해야 하므로 수학, 과학의 논리가 다 필요합니다.

무엇보다 안전한 학교를 만들기 위해 위험 요소를 해결하는 과정 속에서 남을 배려하고 이해하려는 태도가 필요합니다.

배움은 순환의 과정입니다. 배운 것을 실제 생활에 적용해 보고 생활 속의 문제를 해결하는 과정에서 학습이 일어납니다. 이런 배움이 다시 생활 속에 적용되어 여러 가지 문제를 해결하는 원동력이 됩니다. 배움은 교실에서 끝나지 않습니다. 아이들의 생활 속으로 스며든 배움의 빛은 아이들이 교실에서 세상으로 나아갈 때 많은 사람들을 비출 수 있습니다.

4. 선생님, 가르쳐 주셔서 감사합니다!

활동 준비물 :	편지지 도안, ICT기기, 3D펜, 3D프린터
중심 교과: 국어	[4국03-04] 읽는 이를 고려하며 자신의 마음을 표현하는 글을 쓴다. [6국03-02] 목적이나 주제에 따라 알맞은 내용과 매체를 선정하여 글을 쓴다.
관련 교과: 미술, 실과	[6미02-06] 작품 제작의 전체 과정에서 느낀 점, 알게 된 점 등을 서로 이야기할 수 있다. [6실04-07] 소프트웨어가 사용된 사례를 찾아보고 우리 생활에 미치는 영향을 이해한다.

매년 5월이면 만나는 행사 중 하나가 '스승의 날'입니다. 5월이 시작되면 여러 언론매체에서 스승의 날과 관련된 보도를 연신 쏟아냅니다. 찬찬히 내용을 읽어 보면, 교실에서 고군분투하고 있는 선생님들을 격려하기보다는 비판하고 지적하는 내용이 더 많은 것 같아 안타까운 마음이 듭니다. 오죽했으면 선생님들이 나서서 스승의 날을 폐지해 달라고 청원을

넣었을까요.

학교에서는 스승의 날뿐만 아니라 여러 교과 시간에 현재 자신을 가르치고 있거나, 혹은 가르쳤던 선생님에게 편지를 씁니다. 이번 시간에 아이들과 할 활동이 바로 자신을 가르쳤던 선생님 중 한 분에게 편지를 쓰는 것입니다.

편지를 쓰기 위해서는 편지지가 필요합니다. 기존의 종이 편지지 대신 색다른 편지지가 있으면 좋겠다는 생각을 합니다. 동료 교사와 이에 대해 이야기하던 중 직접 편지지를 만들자는 의견이 나왔습니다. 그래서 우리 학교 '나낭 선생님'이 편지지 3종과 편지지에 붙일 수 있는 스티커 3종을 제작해 주었습니다. 물론 이 작업은 아이들도 직접 할 수 있지만, 아이들의 역량과 소요 시간 등을 고려하니 기초 작업이 되어 있으면 더욱 효과적으로 활동을 진행할 수 있겠다고 판단되었습니다.

**교사가 제작한
'스승의 날' 편지지와 스티커**

**ICT기기를 활용해
편지지와 스티커에 색을 입히는 아이들**

나낭 선생님의 밑그림 파일은 학급 밴드, 위두랑에 탑재하여 아이들이 쉽게 내려받을 수 있도록 했습니다. 아이들은 이 그림 파일을 ICT기기에 내려받은 후 그림판을 열어 색을 입힙니다. 포토샵만큼 다양한 기능은 없지만 그림판만으로도 충분히 멋진 작품을 만들어 낼 수 있습니다. 그림판의 색 채우기 기능을 사용하면 짧은 시간에 다양한 색깔을 넣은 나만의 편지지를 만들 수 있습니다. 색깔만 채워 넣는 수준으로 계획한 활동이었는데 아이들은 브러시 기능도 사용해 더 멋진 작품을 만듭니다. 심지어 기존 편지지 도안에 여러 가지 그림도 추가합니다. 아이들이 활동할 수 있도록 환경을 만들어 주고 적절한 격려와 칭찬으로 흥미가 유지되도록 하

아이들이 위두랑에 올린 편지지와 스티커

는 것, 이것이 아이들의 상상력과 표현력을 높여 주는 하나의 방법이라는 것을 다시 한 번 깨닫습니다.

아이들은 자신들이 디자인한 편지지를 위두랑에 올립니다. 이렇게 위두랑은 교실 활동의 다리 역할을 합니다. 수업이 효과적으로 이루어질 수 있도록 해 주고, 학생들이 수업에 참여할 수 있는 적극적인 분위기도 만들어 줍니다.

스승의 날에는 반 대표 학생 한 명만 선생님에게 카네이션을 줄 수 있다는 내용을 신문 기사에서 읽은 적이 있습니다. 물론 그 취지를 이해하지만 교사를 잠재적인 범죄자로 취급하는 것 같아 씁쓸한 기분이 들었습니다. 그래도 편지만으로 끝내기에는 아쉬운 마음이 들어 아이들과 함께 이야기를 나누어 봅니다. 돈을 들이지 않으면서 고마운 마음을 표현할 수 있는 방법은 없을까? 곰곰이 생각하며 교실을 둘러보던 아이들 중 한 명이 3D프린터를 보며 말합니다.

"3D프린터로 카네이션을 만들면 좋을 것 같아요."

얼마 전에 3D펜을 구입한 것을 떠올린 아이도 말합니다.

"3D펜으로 카네이션이나 꽃을 만들어서 드리는 것도 좋겠어요."

생각할 시간을 주고 이야기할 수 있는 분위기를 조성해 주니, 아이들은 그동안의 경험과 관찰을 통해 얻은 지식을 동원하여 좋은 생각들을 찾아냅니다.

3D펜을 활용해 입체적으로 카네이션 꽃을 만들려면 먼저 밑그림을 그려야 합니다. 아이들은 카네이션 도안을 찾기 위해 인터넷을 검색합니다. 이렇게 찾은 도안을 보고 그리거나 내려받아 활용합니다. 반 친구가 적절한 도안을 찾지 못하면 먼저 찾은 아이들이 도안을 공유하며 함께 카네이션을 만듭니다. 메이커 교육뿐만 아니라 모든 활동에서 중요한 것이 바로 협력과 생각의 공유입니다. 이를 통해 더 나은 결과물을 얻을 수 있기 때문입니다.

3D펜은 빠르게 작품을 만들 수 있다는 큰 장점이 있습니다. 사용 방

3D펜으로 카네이션을 제작하는 모습

법도 간단합니다. 하지만 정교한 제품을 만들기에는 아쉬운 면이 많습니다. 3D펜으로 만든 작품을 보며 몇몇 아이들은 3D프린터를 활용해 조금 더 멋진 카네이션을 만들자고 합니다.

하지만 아직 아이들은 카네이션 모양으로 모델링을 할 줄 모릅니다. 안 되더

메이커스앤 사이트

라도 한번 해 보자는 둥, 간단한 모양으로 카네이션을 대체하자는 둥 여러 의견들이 오갑니다. 그러던 중 아이들은 누군가가 모델링한 카네이션이 인터넷상에 분명히 있을 것이라고 말하며, 검색을 시작합니다.

역시 아이들의 생각처럼 카네이션 모델링 파일이 있습니다. '메이커스앤'이라는 3D프린터 무료 모델링 사이트에 올라와 있는 카네이션 도안을 발견한 아이들이 환호성을 지릅니다. 이미 3D프린터로 멋진 카네이션을 출력한 것과 같은 기쁜 마음이 들었을 것입니다.

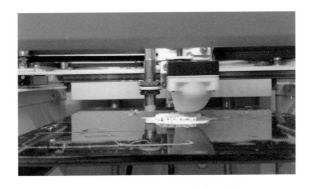

3D프린터로 카네이션을 제작하는 모습

이제, 편지를 쓰기 위한 모든 준비 작업이 끝났습니다. 아이들은 자신들이 디자인한 편지지와 스티커를 사용해 편지 쓰기를 합니다. 모든 활동은 아이들이 합니다. 교사인 나는 컬러프린터로 편지지를 출력해 주기만 하면 됩니다.

2005년 26회 청룡영화상 시상식에서 황정민 배우가 박진표 감독의 영화 〈너는 내 운명〉으로 남우주연상을 수상합니다. 이때 한국 영화 시상식에 오래 남을 '밥상' 수상 소감을 합니다.

"솔직히 저는 사람들한테 그래요. 일개 배우 나부랭이라고. 왜냐하면 50명 정도 되는 스태프들과 배우들이 이렇게 멋진 밥상을 차려 놔요. 그럼 저는 그냥 맛있게 먹기만 하면 되는 거거든요. 근데 스포트라이트는 제가 다 받아요. 그게 너무 죄송스러워요. 이 트로피에서 아마 발가락 몇 개만 떼어 가면 제 것 같아요. 스태프들에게, 그리고 감독님한테 너무너무 감사드립니다."

메이커 수업 활동도 그렇습니다. 아이들 스스로 편지지를 디자인하고, 3D펜으로 카네이션을 만들고, 3D프린터로 출력할 카네이션 모델링 파일을 찾아 결과물을 출력합니다. 그리고 마지막으로 직접 손으로 편지를 써서 자기들을 가르쳐 준 선생님들에게 가져다 드립니다. 아이들이 밥상을 다 차려 놓았습니다. 나는 단지 이 내용을 잘 기록해서 많은 선생님들에게 이렇게 책으로 안내해 주는 수준에 불과합니다. 하지만 칭찬과 격려는 내가 받고 있어 아이들에게 미안합니다. 그리고 고맙습니다. 내가 한 것은 3D펜 노즐의 1센티미터 정도밖에 되지 않는데 말입니다.

아이들은 편지 봉투에 자신이 기록한 편지를 넣은 후 3D펜으로 만든 카네이션, 3D프린터로 출력한 카네이션을 붙입니다. 예쁘게 스티커도 붙입니다. 아이들이 직접 쓴 편지와 예쁘게 꾸민 편지 봉투는 세상에 단 하나밖에 없는 보물입니다. 이 편지들이 오늘도 아이들과 함께 하루를 보내고 있는 선생님들에게 힘이 되었으면 좋겠습니다.

선생님들은 많은 것을 바라지 않습니다. 작은 칭찬과 격려면 충분합니다. 아이들이 건넨 편지를 보며 웃음 지을 선생님들의 모습에 벌써 마음이 흐뭇해집니다. 많은 사람들이 "교사는 있지만 스승은 없다."고 합니다. 하지만 내가 만난 많은 선생님들은 스승이셨습니다.

수학여행비를 낼 돈이 없어 전전긍긍하고 있을 때 조용히 수학여행비를 대신 내주신 6학년 선생님. 선생님은 그 이후로 수학여행비에 대해 한마디도 하지 않으셨습니다.

부모님이 모두 하늘에 계시기에 아침밥을 거르는 날이 태반이었던 내게 우유와 빵이라도 매점에서 사 먹고 오라며 이천 원을 손에 쥐어 주시던 고등학교 1학년 선생님. 세상을 원망하며 삶을 포기하고 싶었을 때 바른길로 갈 수 있도록 격려와 지지를 아끼지 않았던 고등학교 2학년 선생님. 가난한 형편에도 대학교 납부금을 낼 수 있는 곳, 졸업하면 스스로 돈을 벌어 생계를 유지할 수 있는 곳, 교육대학교라는 곳이 있는지도 몰랐던 나를 위해 부모님처럼 진로를 함께 고민해 주신 고등학교 3학년 선생님.

내게는 이런 스승들이 계십니다. 그렇기에 지금의 내가 있습니다. 아직도 많은 곳에서는 아이들을 바라보며 최선을 다하는 많은 스승들이 있습니다. 이런 선생님들이 더욱 대우받고 존경받는 사회가 되었으면 좋겠습니다.

5. 역사는 유물을 싣고~

활동 준비물 :	종이, 색연필, 노트북, 3D프린터, 지점토, 호미, 삽, 물감
중심 교과: 사회	〔6사03-04〕고려청자와 금속활자, 팔만대장경 등의 문화유산을 통하여 고려 시대 과학기술과 문화의 우수성을 탐색한다.
관련 교과: 미술, 실과	〔6미02-01〕표현 주제를 잘 나타낼 수 있는 다양한 소재를 탐색할 수 있다. 〔6미02-05〕다양한 표현 방법의 특징과 과정을 탐색하여 활용할 수 있다. 〔6실04-09〕프로그래밍 도구를 사용하여 기초적인 프로그래밍 과정을 체험한다.

겨울방학 때 우리 집 아이와 함께 서울에 있는 국립중앙박물관과 어린이
박물관을 다녀왔습니다. 국립중앙박물관의 규모에 한 번 깜짝 놀라고 전
시된 유물의 개수에 또 한 번 깜짝 놀랐습니다. 어린이박물관에서는 아
이들의 눈높이에 맞춘 다양한 전시물들을 보며 우리나라 박물관의 수준
에 감탄했습니다.

박물관 이곳저곳을 둘러보던 중 아이가 직접 체험할 수 있는 코너를 발견했습니다. 우리나라 전통문양이 새겨진 여러 가지 도장을 흰 종이에 찍으며 다양한 모양을 만드는 곳이었습니다. 아이가 도장을 찍으며 여러 가지 모양을 만드는 것을 보고 불현듯 수업 아이디어가 생각났습니다.

어린이박물관에서 전통문양 도장을 종이에 찍고 있는 아이

저거다! 머릿속에 판화(양각, 음각)가 떠올랐습니다. 판을 만들어 그 위에 종이를 올리고 찍는 기존의 방식이 아닌, 결과물을 만들고 그것을 종이에 도장처럼 찍는 방식입니다. 재빨리 노트에 기록하며 어떤 수업 시간에 어떤 방법으로 활용할지 생각해 봅니다.

이런 생각을 하며 유물들을 관람하다가 기념품을 파는 곳에 들르게 되었습니다. 그곳에서 상품 하나가 눈에 띄었습니다. 유물을 발굴할 수 있는 키트 상자였습니다. 설명서를 읽어 보니, 찰흙 안에 역사적으로 유명한 작은 유물을 넣어 놓고 아이들이 찰흙을 떼어 내며 유물을 발굴해 보는 활동 자료였습니다.

이거다! 수업 시간에 유물 체험 키트를 활용하면 좋을 것 같아서 가격을 살펴보았습니다. 키트 하나당 만오천 원이었습니다. 여러 개를 구입하기에는 부담이 되어 망설이다가, 차라리 이런 유물 키트를 직접 만들어서 숨기고 아

국립중앙박물관에서 판매하는
유물 발굴 체험 키트

이들이 찾아내는 수업으로 구성하면 좋겠다는 생각을 합니다.

박물관 체험에서 귀중한 수업 아이디어 두 개를 얻었습니다. 집으로 돌아와 아이디어를 정리하고 언제, 어떻게 수업에 적용할지 결정하고 개학 후에 바로 수업에 활용합니다.

1. 사전 활동 – 학습지 기록하기, 양각과 음각 배우기

우리나라 역사에는 다양한 인물, 복잡한 사건, 많은 유물이 등장합니다. 이 중 유물에 초점을 맞추어 봅니다. 아이들은 자신이 알고 있는 역사 유물 가운데 하나를 골라 유물 이름, 사용된 시대, 유물에 대한 간단한 정보를 학습지에 기록합니다.

그러고 나서 박물관에서 얻은 판화 제작 아이디어를 수업에 적용합니다. 나는 미리 3D프린터로 여러 가지 모양의 글자와 제품을 출력해 놓았습니다. 이것들을 예시 자료로 활용해 아이들과 함께 양각과 음각에 대해 알아봅니다. 그런 다음 아이들에게 만들고 싶은 유물을 생각해 보라고 합니다. 유물의 이름표도 만들되 양각으로 할지, 음각으로 할지 선택

해 보라고 합니다. 고인돌, 석탑, 화폐, 도자기 등 다양한 유물들에 대한 의견이 나옵니다. 같은 시기나 유사한 종류의 유물을 선택한 아이들을 한 모둠으로 만들어 함께 활동할 수 있도록 합니다. 아이들은 모둠원들과 이야기하는 과정에서 자신이 모델링할 유물 이름의 출력 방법을 바꾸기도 합니다.

2. 역사 유물 모델링 – 팅커캐드, 큐라, 온라인 컨버터 활용하기

아이들은 무료 프로그램인 팅커캐드를 활용하여 유물 모델링을 시작합니다. 유물명은 양각으로 만들지, 음각으로 만들지에 따라 모델링의 방법이 달라집니다. 양각은 보여 주려는 글씨나 도안을 높이 올려야 하지만, 그와 반대로 음각은 글씨나 도안을 주위보다 더 낮게 만들어야 합니다.

이렇게 모델링한 파일은 큐라 프로그램를 활용하여 3D프린터가 읽을 수 있는 파일로 변환합니다. 온라인 컨버터 프로그램을 활용해 파일을 변환한 후 다시 큐라로 파일을 변환해 3D프린터로 출력할 수도 있습니다. 출력 방법과 출력물의 모습에 따라 어떤 방법을 선택할지는 모둠원들과 이야기를 나눈 후 결정하면 됩니다.

3. 상상해서 그림 그리기

유물과 유물명의 도안 작업이 끝나면 모둠별로 커다란 종이를 한 장 준비합니다. 양각 또는 음각으로 제작한 유물명은 단순히 종이에 찍기 위해 있는 것이 아닙니다. 하나를 찍더라도 의미 있는 곳에 찍을 때 만들기 활동도 그 가치와 의미가 높아집니다.

큰 종이 위에 아이들은 그동안 배운 역사 인물, 유물, 사건이 포함된 그림을 그립니다. 이 그림이 바로 나중에 아이들이 3D프린터로 출력한 유물명을 찍을 곳입니다. 어떤 것을 찍을 것이냐에 따라 아이들은 나름의 스토리를 생각하며 그림을 완성해 나갑니다.

4. 3D프린터로 유물 출력하기

아이들이 모델링한 유물과 유물명 파일을 SD카드에 모아 둡니다. 그리고 아이들이 하교한 후에 3D프린터로 출력합니다. 아이들이 모델링한 유물의 크기를 그대로 출력하려면 다섯 시간이 걸립니다. 그래서 40분 정도면 출력할 수 있게 큐라 프로그램에서 크기를 작게 만들어 줍니다. 유물을 크게 뽑으면 훨씬 생동감이 있겠지만 출력하는 데 시간이 오래 걸리기 때문에 상황에 맞게 조정합니다. 아이들이 모델링한 유물 외에 임의로 하나 더 모델링을 해서 출력합니다. 우리나라 역사에서 중요하게 다루고 있는 칠지도입니다. 이 칠지도는 나중에 아이들이 몹시 찾고 싶어 하는 가장 귀중한 유물이 됩니다.

5. 지점토 속에 유물 숨기기

3D프린터로 모델링한 유물과 유물명이 모두 출력되었습니다. 이제는 유물과 유물명을 지점토에 숨길 차례입니다. 아이들과 함께 지점토 하나에 유물 하나, 유물명 하나를 예쁘게 포장합니다. 포장한다는 표현보다는 유물명과 유물을 지점토로 감싸서 보이지 않게 한다는 표현이 더 어울릴 것 같습니다. 열 개가 넘는 지점토 포장이 모두 완성되었습니다. 박

물관에서 구입했다면 십만 원이 넘었을 물품들입니다. 물론 박물관에 있는 유물 체험 키트에는 훨씬 고급스러운 유물이 들어 있습니다. 하지만 아이들의 유물은 직접 선택하고, 도안을 찾아 모델링하고, 3D프린터로 출력한 것이기에 특별한 가치가 있습니다.

1 유물에 대해 조사하기

6. 땅속에 유물 숨기기

지점토로 포장한 유물을 땅에 묻으러 갑니다. 물론 아이들은 지점토에 싸인 유물이 묻힐 곳을 알면 안 됩니다. 영어 교담 수업을 위해 아이들이 후관에 있는 영어 교실로 이동하는 때를 이용해 혼자서 조용히 교실 밖으로 나옵니다. 아이들이 혹여 볼까 봐 조용조용 본관 뒤 창고로 가서 삽을 챙겨 유물을 묻을 곳으로 갑니다.

2 팅커캐드로 유물 모델링하기

3 상상해서 역사 그림 그리기

요 며칠 날이 너무 더웠고 습도도 높았지만, 오늘이 아니면 또 시간이 훌쩍 지나 버릴 것 같았습니다. 게다가 아이들이 유물을 언제 땅에 묻을 것이냐

4 3D프린터로 유물, 유물명 출력하기

⑤ 유물, 유물명을 지점토로 감싸기

⑥ 유물, 유물명을 땅속에 숨기기

⑦ 암호 풀며 유물 위치 찾기

⑧ 유물 발굴하기

고 계속 물어보는 통에 더 이상 미룰 수가 없습니다. 삽질을 몇 번 하지도 않았는데 온몸에 땀이 납니다. 아직 땅을 한 곳밖에 파지 못했는데 걱정입니다. 그래도 아이들에게 직접 유물을 찾아보는 경험을 하게 해 주고 싶은 마음에 열 곳이 넘게 땅을 파고 그 안에 유물을 묻습니다. 유물을 묻고 이렇게 말하며, 발로 땅을 다집니다.

"유물아, 유물아, 땅속에 잘 묻혀 있으렴."

7. 유물 탐사 준비 – 암호문 해결하기

유물을 묻은 후 며칠이 흘렀습니다. 그 사이 비도 내리고 햇볕도 쨍쨍 내리쬐었습니다. 아이들은 유물을 찾고 싶다고 줄기차게 이야기합니다.

드디어 유물 발굴의 날이 되었습니다. 유물이 묻힌 위치를 아이들에게 바로 알려주지 않습니다. 대신 현재 수학시간에 배우고 있는 내용으로 암호(문제)를 만들어 아이들이 해결하도록 했습니다. 암호를 해독하면 유물이 묻힌 곳을 알 수 있도록 한 것입니다. 아이들이 문제에 쏟는 관심과 흥미가 상당히 높습니다. 평소 수학 시간에는 잘 볼 수 없는 모습이기도 합니다. 아이들이 직접 만든 유물을 어떻게든 빨리 발굴하고 싶기에 이런 일이 가능한 것입니다.

⑨ 발굴한 유물, 유물명을 물로 씻기

문제를 해결한 아이들은 '물레방아'라는 단어를 확인하고 바로 밖으로 뛰어갑니다.

⑩ 발굴한 유물에 대해 기록하기

8. 유물 발굴하기

유물을 발굴하기 위해서는 도구가 필요합니다. 교실 밖으로 나온 아이들과 함께 창고로 이동해 유물 발굴에 필요한 삽, 호미 등을 준비합니다. 그리고 물레방아 근처로 유물을 찾으러 갑니다.

⑪ 유물명에 물감을 묻혀 종이에 찍기

이제부터 본격적인 작업이 시작됩니다. 아이들은 유물을 찾기 위해 삽질을 하고 호미질을 합니다. 묻은 지 며칠밖에 되지 않았는데도 유물은 쉽사리 그 모습을 드러내지 않습니다. 그러니 수백 년, 수천 년 땅속에 있었던 유물들은 얼마나 찾기 힘들었을까요? 아이들은 고작 한 시간 정도 발굴 작업을 하지만 실제 유물을 발굴하기 위해서는 몇 달은 기본

이고 몇 년이 걸리기도 합니다. 아이들은 유물을 발굴하는 고고학자들이 얼마나 힘들지 조금이나마 체험해 봅니다.

　해가 쨍하게 비치지 않는 날을 잡았지만, 그래도 여름이라 점점 더워집니다. 습도도 높습니다. 아이들은 삽질과 호미질을 하느라 땀을 계속 흘립니다. 아직 찾지 못한 유물이 많지만 날이 너무 더워 발굴을 마무리하고 교실로 돌아가자고 합니다. 하지만 아이들은 숨겨진 유물을 모두 찾아야 한다며 계속 땅을 팝니다. 호미가 부러졌습니다. 손에 물집이 잡힌 아이도 있습니다. 그러나 아이들이 가장 찾고 싶어하는 유물이 아직 나오지 않았습니다. 바로 칠지도입니다. 아이들은 칠지도를 꼭 찾아야 한다며 호미질을 멈추지 않습니다. 날은 계속해서 더워지고 아이들은 땀이 더 많이 흐릅니다. 계속 하겠다는 아이들을 만류하며 유물 발굴 중단을 선언합니다. 아이들이 많이 아쉬워했지만, 건강과 안전을 위해 철수 결정을 내립니다.

9. 발굴한 유물 복원하기(세척하기)

발굴한 유물과 유물명은 수돗가에서 물로 깨끗하게 세척합니다. 땅속에 묻혀 있던 유물들이 원래의 모습을 되찾기 시작합니다.

10. 발굴한 유물에 대해 학습지에 정리하기

교실로 돌아온 아이들은 모둠 친구들과 함께 자신들이 찾은 유물들에 대해 학습지에 기록합니다. 발굴한 유물의 이름, 용도, 그것이 만들어졌거나 사용되던 당시의 사회 모습 등을 기록합니다. 그리고 유물을 발굴하

3D프린터를 활용한 역사 유물 만들기

▶ 팅커캐드, 3D프린터를 활용해 역사 유물을 만들어 양각, 음각으로 만들어 봅시다.

구분	내용	
유물 이름	비파형동검	제작방법 (음각) 양각
유물이 사용된 시대	청동기 시대	
유물에 대한 설명	전쟁(싸움)을할 때 사용을한다. 북쪽들끼리싸울때사용한다.	
구상도	비 파형 동검	

▶ 3D 프린터를 활용해 유물을 만든 후, 느낀 점을 기록해 봅시다.

포토스케이프로 도씨검을 바꾸어서 해보았는데 복습할수있는
기회가되어서좋았다

유물 제작 경험을 기록한 학습지

며 느낀 점도 기록합니다.

아이들에게 유물 발굴은 쉬운 일이 아니였습니다. 이를 통해 아이들
은 우리 유물의 가치와 유물 발굴을 위해 노력한 분들에게 감사하는 마
음을 가지게 됩니다.

11. 그림에 유물 찍기

유물 발굴 작업 자체만으로도 아이들에게는 의미가 크지만. 이제 교사는 아이들이 땀 흘리며 찾은 유물과 유물명을 의미 있게 활용할 수 있도록 안내합니다.

수업 시간에 어떻게 의미 있게 유물들을 활용할까? 유물 전시와 함께 고민했던 것이 바로 판화입니다. 아이들은 이미 유물명을 3D프린터로 출력할 때 양각으로 출력할지, 음각으로 출력할지 정했습니다. 그리고 이것들을 발굴해서 가지고 있습니다.

판화의 특징은 좌우가 바뀐다는 점입니다. 판화를 찍을 때 아이들이 많이 하는 실수가 좌우가 바뀐다는 것을 모른 채 눈에 보이는 모습 그대로 글자를 만들거나 결과물을 만드는 것입니다. 특히 글자는 이런 판화의 특성을 생각하지 않으면 좌우가 바뀌어 다시 제작해야 하는 수고가 생깁니다. 하지만 아이들에게 처음부터 이런 사실을 알려 주지는 않았습니다. 어떤 모둠은 좌우가 바뀌게 모델링을 해서 출력했지만 어떤 모둠은 그렇지 않았습니다. 다른 친구들의 작품을 보고 아이들은 자신이 저지른 오류와 잘못된 점을 찾아냅니다. 스스로 문제점을 찾으면 쉽게 잊어버리지 않고 같은 실수를 반복하지 않게 됩니다.

깨끗하게 씻은 유물명에 물감을 묻힌 후 미리 그려 둔 그림에 찍어 봅니다. 음각과 양각 모두 찍어 보지만 생각처럼 글자가 뚜렷하게 나오지 않습니다. 유물과 유물명을 짧은 시간 안에 3D프린터로 출력하기 위해서 그 크기를 작게 만들었는데, 유물명을 종이에 찍을 때는 작은 크기가 오히려 방해 요소가 됩니다. 음각과 양각으로 표현되기에 부족했던 것입니다.

그래도 그중에서 양각으로 표현된 '고인돌'이라는 글자가 거의 제대로 보이는 것에 위안을 삼으며 활동을 이어 갑니다. 이런 실패를 겪으며 아이들은 "3D프린터가 더 컸으면 좋겠다."거나 "더 빨리 출력되는 3D프린터가 개발되었으면 좋겠다." 하는 발전적인 이야기를 나눕니다.

그렇게 아이들의 생각도 커져 갑니다.

2주 남짓 여러 과목을 아우르며 유물을 찾는 수업을 진행하였습니다. '역사는 유물을 싣고~'라는 주제에서 벗어나지 않기 위해 "이 수업을 왜 하지?", "아이들에게 어떤 배움이 일어나도록 하기 위해 이 수업을 구성했지?" 하는 물음을 스스로에게 계속해서 던졌습니다.

이번 수업은 호흡이 긴 과정이었습니다. 그 과정이 의미를 잃지 않도록 끊임없이 스스로 질문해야 했습니다. 내가 지치거나 수업의 본질을 잊어버리면 아이들에게도 수업의 의미가 사라져 버리기 때문입니다. 또한 아이들의 흥미를 유지하기 위해 계속해서 고민하고 내용을 고쳐 나갔습니다.

하나의 수업에 또 하나의 스토리를 담고자 했습니다. 직접 유물을 만들고, 땅속에 묻힌 유물을 찾아본 경험은 아이들에게 오래도록 남을 것입니다. 앞으로 이 아이들은 박물관에서 유물을 보면 그냥 지나치지 않을 것입니다. 오랜 기간 땅속에 묻혀 있는 유물을 발견하기 위해 노력한 여러 사람들과 그로 인해 빛을 본 유물의 가치를 느끼게 될 것입니다.

6. 더불어 사는 세상 만들기

활동 준비물 :	삼각대, 스마트폰, C타입 HDMI 미러링 케이블, 블루투스 스피커, 3D프린터
중심 교과: 사회	[6사04-02] 조선 사회의 모순을 극복하기 위해 개혁을 시도한 인물(정약용, 흥선 대원군, 김옥균과 전봉준 등)의 활동을 중심으로 사회 변화를 위한 옛사람들의 노력을 탐색한다.
관련 교과: 도덕, 미술	[6도02-03] 봉사의 의미와 중요성을 알고, 주변 사람의 처지를 공감하여 도와주려는 실천 의지를 기른다. [6도03-01] 인권의 의미와 인권을 존중하는 삶의 중요성을 이해하고, 인권 존중의 방법을 익힌다. [6미02-03] 다양한 자료를 활용하여 아이디어와 관련된 표현 내용을 구체화할 수 있다.

아이들이 방과 후 수업을 하러 간 뒤, 교실에서 다음 날 있을 사회 수업을 준비합니다. 『사회』 지도서를 보는데 '정약용', '정조', '거중기'라는 세 개의 낱말이 눈에 들어옵니다.

'정약용은 왜 거중기를 개발했을까?'

사회과 교수·학습 과정안

지도일시	██████	지도대상	6학년 1반 4명	장소	6-1 교실	지도교사	전 ㅇㅇ
단원(차시)	). 조선시대의 새로운 움직임 / 정약용이 거중기를 개발한 이유에 대해서 알아봅시다.			학습주제	정약용이 거중기를 개발한 이유 알아보기		
학습목표	·정약용이 거중기를 개발한 이유를 볼 수 있다. / ·거중기를 개발한 정약용의 마음을 알 수 있다.						
공부할 문제	·정약용은 왜 거중기를 개발했을까?						
학습자료	학습지, 교과서, 다양한 영상			교과서		사회 16~21쪽	

교수·학습 과정	자료(□) 및 유의점(○)
<도입> ◎ 동기유발 T: 화면에 보이는 건물의 이름은 무엇인가요? S: 수원 화성입니다. T: 수원 화성은 어떤 도구를 사용해서 만들었나요? S: 거중기를 사용했습니다. T: 거중기는 누가 개발했나요? S: 정약용입니다. T: 그렇다면 정약용은 왜 거중기를 개발했을까요? S: 정조가 시켜서입니다. S: 수원 화성을 빨리 만들고 싶었기 때문입니다. S: 수원 화성을 건설하는데 필요한 돈을 줄이기 위해서입니다. S: 수원 화성을 짓는데 동원된 사람들을 줄이기 위해서입니다. <전개> T: 궁금한 내용을 바탕으로 오늘 어떤 내용을 배울지 생각해볼까요? S: 정약용이 거중기를 개발한 이유에 대해서 알아볼 것 같습니다. S: 수원화성 건설에 거중기가 사용된 이유에 대해서 알아볼 것 같습니다. ◎ 공부할 문제 확인 [정약용은 왜 거중기를 발명했을까?] ◎ 공부할 순서 제시 T: 공부할 순서를 알아봅시다 활동1: 이유 알기 활동2: 마음 알기 활동3: 공감 하기	□수업화면 사진, 거중기 사진, 정조 사진 ○학생들의 다양한 대답을 통해 학생들의 이해력과 다양성을 확인하거나, 교과서 18쪽을 생각하도록 한다. ○정보수집 수업과 관련 대형활동 ○구체적 문제를 모둠활동으로 제시하여 학생들의 생각이 ... 할 수 있도록 한다.

'더불어 사는 세상 만들기' 수업을 위한 교수·학습 과정안

그냥 지나칠 수 있는 낱말들이 눈에 들어오고 하지 않아도 될 의문이 떠오릅니다. 이 내용을 잘 풀어 나가면 아이들이 즐겁게 참여할 수 있는 수업이 되겠다는 생각이 듭니다.

'더불어 사는 세상 만들기' 수업은 이런 사소한 의문에서 출발했습니다. 이번 수업은 분절된 몇 차시 수업으로 마무리되지 않습니다. 총 12차시로 이루어지며 여러 교과와 연계하여 진행합니다.

'더불어 사는 세상 만들기' 수업이 학생 중심 수업이 되도록 하기 위해 가장 먼저 해야 할 것이 있습니다. 바로 교육과정을 재구성하고 이를 토대로 교수·학습 과정안을 작성하는 것입니다. 성취기준과 교과 내용을 바탕으로 정약용, 정조, 거중기에 대한 내용을 포함하는 교육과정 재구성이 얼마나 잘 이루어지

느냐에 따라 '더불어 사는 세상 만들기' 수업의 성패가 좌우된다고 할 수 있습니다.

　'더불어 사는 세상 만들기' 수업이 시작됩니다. 아이들은 정약용이 거중기를 개발한 이유에 대해 생각해 본 후 친구들과 이야기를 나눕니다. 아이들이 관심을 가지고 지속적으로 집중할 수 있도록 학습지를 활용하여 생각을 공유할 기회를 주고, 또 아이들의 호기심을 불러일으키기 위해 틈틈이 다양한 발문을 이어갑니다. 아이들은 정약용이 거중기를 개발한 이유에 대해 자기 나름의 논리를 가지고 학습지에 기록합니다. 정답은 없습니다. 그래서 아이들의 창의적인 생각이 더욱 요구되고, 친구들과 대화를 통해 생각을 확장해 나가는 것에 그 목적을 둡니다.

　아이들의 학습지를 살펴보니 '애민정신'이라는 단어가 눈에 띕니다. 정약용은 성을 쌓는 데 동원되는 백성들의 고된 노동과 낮은 처우에 마음이 아팠고, 그런 백성을 사랑하는 마음에 거중기를 만들게 되었을 거라고 생각하는 아이들입니다.

　조선 시대에는 일을 하다가 크게 다치더라도 제대로 된 치료를 받을 수 없어서 장애를 가지고 평생을 살 수밖에 없었습니다. 몸이 불편한 사람들을 위해 개발된 마땅한 제품 역시 없었습니다. 지금은 몸이 불편한 사람들도 일상생활에 어려움이 없도록 많은 제품들이 개발되어 있습니다. 아이들은 다양한 형태와 기능을 가진 제품들을 보고 몸이 불편한 사람에게 어떤 도움을 줄 수 있을지 알아봅니다.

　메이커 교육에서 추구하는 것이 아이들의 창의적인 생각과 이를 활용한 문제 해결 능력입니다. 즉, 자신의 아이디어를 바탕으로 다양한 문제 상황에서 해결 능력을 키워 주는 것이 핵심입니다. 그리고 우리 수업에서 중요하게 다루는 것은 '자신만의 아이디어를 만들어 내는 과정'입니다. 아이들은 선지식과 선경험이 부족합니다. 이를 보충하기 위해서는 교실에서 의도적으로 배우고 경험할 수 있도록 여건을 마련해 주어야 합니다.

그래서 '장애인의 날' 즈음에 광주광역시에서 근무하는 특수교사 박은

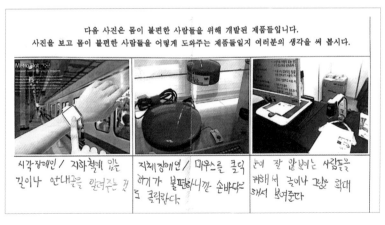

정약용이 거중기를 개발한 이유

정조와 관련시켜서	비용과 관련시켜서	백성과 관련시켜서
경제 발전과 군사외 상업의 새로운 중심지로 만들기 위해 도외 주었다.	거중기를 건설을 해서 필요한 인력과 비용을 절약 하였다.	백성들이 더 힘들지 않게 하기 위해서이다.

다음 사진은 몸이 불편한 사람들을 위해 개발된 제품들입니다.
사진을 보고 몸이 불편한 사람들을 어떻게 도와주는 제품일지 여러분의 생각을 써 봅시다.

시각장애인 / 지하철에 있는 길이나 안내글을 알려주는 것	지체장애인 / 마우스를 클릭 하기가 불편하니깐 손바닥으로 클릭한다	눈이 잘 안보이는 사람들을 위해서 글씨나 글을 확대 해서 보여준다

아이들이 기록한 학습지

정 선생님과 화상 연결 수업을 진행했습니다. 아이들은 몸이 불편한 사람들이 겪는 어려움, 그들을 위해 개발된 다양한 제품, 우리 주위에서 볼 수 있는 유용한 시설 등에 대해 박은정 선생님과 이야기를 나눕니다. 긴 만남은 아니었지만, 그래도 이런 만남을 통해 아이들은 몸이 불편한 사람들에 대해 더 많은 관심을 가질 수 있게 되었습니다. 관심과 흥미가 단절되지 않고 수업이 마무리될 때까지 이어지는 것은 아이들이 즐겁게 수업에 참여할 수 있게 하는 중요한 요소입니다. 따라서 전문가와의 화상 통화는 그 가치가 높습니다.

■1 '더불어 사는 세상 만들기' 수업 준비하기

■2 특수교사와 화상 연결하기

이제 아이들과 메이커 활동을 하기 위한 기초 과정이 어느 정도 마무리되었습니다. 몸이 불편한 사람들을 위해 내

■3 유니버설 디자인의 영상 시청하기

가 무엇을 만들 수 있을지 직접 행동으로 옮겨 보는 활동이 남았습니다. 하지만 곧장 제품을 만드는 과정에 돌입하지 않습니다. '우리 주위의 모두를 위한 디자인'이라는 의미의 이름을 가진 유니버설 디자인이 있습니다. 유니버설 디자인 관련 영상을 보며 몸이 불편한 사람들을 위해 우리 사회가 어떤 노력을 하고 있는지 살펴봅니다. 이를 통해 몸이 불편한 사

④ 제품 구상도 그리기

⑤ 엔지니어와 함께 제품 보완 방법 찾기

⑥ 3D프린터로 제품 출력하기

람들도 우리 사회의 한 구성원이며 모두가 함께 살아갈 수 있도록 여러 분야에서 노력하고 있다는 사실을 깨닫습니다.

메이커 교육에서 중요하게 다루는 내용이 바로 이것입니다. 단순히 만드는 것에 목적을 두지 않고 왜 만들며, 그 산출물이 우리 사회에 어떤 영향을 끼칠 것인지를 고려해야 합니다. 그럴 때 메이커 활동이 진정한 의미를 갖게 됩니다.

다양한 지식과 간접 경험을 통해 스키마를 확장한 아이들은 자신만의 방법으로 몸이 불편한 사람들을 위한 제품을 개발합니다. 간단한 구상도를 그리고 필요한 재료들을 기록합니다. 개발할 제품이 어떤 기능을 가지고 있는지도 함께 기록합니다.

아이들이 설계한 제품 구상도만 보면 활용도가 정말 높을 것 같습니다. 하지만 우리가 보는 눈과 실제 제품을 설계하고 만드는 엔지니어가 보는 눈은 다릅니다. 아이들에게 실패의 과정은 중요합니다. 실패는 자신을 돌아보는 기회가 되며 더 발전할 수 있는 발판을 제공합니다. 또한 잠재된 역량을 끌어낼 수 있는 기회이며, 친

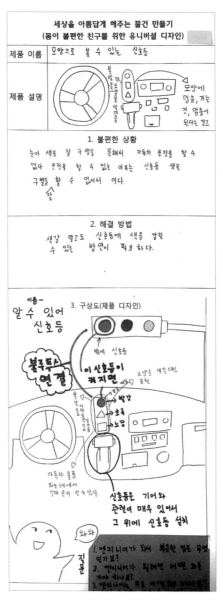

세상을 아름답게 해주는 물건 만들기
(몸이 불편한 친구를 위한 유니버설 디자인)

제품 이름	모양으로 볼 수 있는 신호등
제품 설명	모양에 멈춤, 가는 것, 멈춤이 된다는 경고

1. 불편한 상황

눈이 색을 잘 구별을 못해서 자동차 운전을 할 수 없다 운전을 할 수 없는 이유는 신호등 색을 구별들 할 수 없어서 이다.

2. 해결 방법

색깔 말고도 신호등에 색을 밝힐 수 있는 방안이 필표 하다.

3. 구상도(제품 디자인)

이름 - 알 수 있어 신호등

블루투스 연결

밖에 신호등

이 신호등이 켜지면

모양으로 색깔 디자인 통해

빨강
초록
노랑

자동차 물품 파는 데에서 얼마 준치 살 수 있다.

신호등은 기어와 관련이 매우 있어서 그 위에 신호등 설치

와와

질문
1. 엔지니어가 되서 복잡한 경로 무엇인가요?
2. 엔지니어가 최려면 어떤 과정 가야 하나요?
3. 엔지니어는 주로 어떤 일을 하나요?

학습지에 작성한 제품 구상도

196

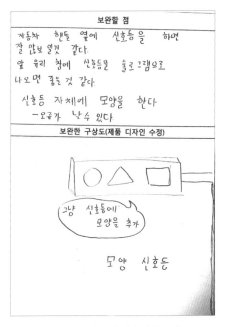

보완할 점

자동차 핸들 옆에 신호등을 하면
잘 안보일것 같다.
앞 유리 창에 신호등을 홀로그램으로
나오면 좋을 것 같다.

신호등 자체에 모양을 한다
－오류가 날수 있다

보완한 구상도(제품 디자인 수정)

그냥 신호등에
모양을 추가

모양 신호등

화상 연결 수업 후 수정한 제품 구상도

구들의 도움을 받아야만 하는 상황으로 몰고 갑니다.

실패를 통한 성장의 기회를 주고자 삼성전자 냉장고 부서에서 근무하는 강병국 엔지니어와 화상 연결 수업을 합니다. 냉장고를 설계하고 이를 바탕으로 실제 제품을 만드는 엔지니어와의 대화를 통해 아이들은 자신이 구상한 제품에 대해 한 번 더 생각해 보는 시간을 갖습니다.

엔지니어와 대화를 하기 전까지 아이들은 자신이 설계한 제품이 가장 멋지다고 생각했습니다. 엔지니어가 꼼꼼히 짚어 주는 보완점이 늘어 갈수록 표정이 점점 굳어집니다. 그렇지만 제품을 만들겠다는 의지가 꺾인 것은 아닙니다. 화상 연결 수업이 끝난 후에 아이들은 엔지니어의 지적 사항을 반영해 제품 구상도를 수정합니다. 그리고 제품을 모델링하여 드디어 3D프린터로 출력합니다.

'더불어 사는 세상 만들기' 수업은 12차시에 이르는 긴 수업입니다. 수업을 진행하면서 왜 이 수업을 하려고 계획했는지, 아이들이 무엇을 얻게 하려고 하는지 등 처음 목적을 잊어버리지 않기 위해 계속 생각했습니다.

아이들이 관심과 흥미를 잃어버리지 않도록 적절한 피드백을 계속 주었습니다. 여러 번 실패했지만, 다행히 아이들은 포기하지 않고 문제를 해결했습니다. 스스로 디자인한 결과물을 완성하는 경험도 했습니다.

화상 연결을 통해 전문가와 만나는 수업은 여러 번 해 보았지만 이번에는 분절적으로 만나는 방식 대신 긴 수업의 흐름 속에서 이루어질 수 있도록 했습니다. 이렇게 하나의 수업 흐름 속에서 전문가와의 만남이 이루어지니 그 가르침이 더욱 의미 있었습니다.

수업 중간에 내용이 수정되고, 새로운 아이디어가 떠오를 때마다 내용이 추가되기도 했습니다. 아이들의 생각과 아이디어도 많이 반영되었습니다.

종합적인 수업의 흐름 안에서 아이들이 서로 소통하고 협력하며 문제를 해결해 가는 모습을 보니 흐뭇합니다. 이런 과정을 통해 아이들의 숨겨진 역량이 발견되고, 또 나뉘어 있는 역량들이 유기적으로 연결되어 몸과 마음이 모두 무럭무럭 잘 자라는 아이들이 되었으면 좋겠습니다.

↤ 소프트웨어, ↦

메이커 교육을
만나다

1. 오조봇을 활용해 관용 표현 알아보기

활동 준비물 :	전지, 사인펜, 오조봇, 매직
중심 교과: 국어	[6국01-04] 자료를 정리하여 말할 내용을 체계적으로 구성한다. [6국04-04] 관용 표현을 이해하고 적절하게 활용한다.
관련 교과: 실과	[6실04-08] 절차적 사고에 의한 문제 해결의 순서를 생각하고 적용한다.

현재 소프트웨어 교육이 초등학교 실과 시간에 이루어지고 있습니다. 학교마다 다양한 로봇들을 구비해 놓고 수업에 활용하고 있는데, 선생님들이 많이 활용하는 로봇 중 하나가 오조봇입니다.

오조봇은 컴퓨터를 활용해 별도의 코딩을 하지 않기에 저학년 아이들도 친숙하게 활용할 수 있습니다. 복잡한 블록을 사용해 코딩을 하는 것이 아니라, 어떤 색깔의 매직을 사용하느냐에 따라 오조봇의 움직임을 제어할 수 있습니다. 여러 가지 색깔의 선 위에 오조봇을 놓아 두면 약속

Part 6 소프트웨어, 메이커 교육을 만나다

① 관용 표현 찾기

② 오조봇이 다닐 수 있는 길 그리기

③ 각자가 기록한 관용 표현 설명하기

④ 오조봇으로 관용 표현 알아보기

된 색깔의 규칙에 따라 움직입니다.

자유롭게 매직으로 그림을 그리는 활동과 오조봇을 연계해도 아이들은 좋아합니다. 하지만 이것만으로는 조금 부족하다는 생각이 듭니다. 어떻게 하면 오조봇을 더 효과적으로 수업에 활용할 수 있을까 고민하며 아이들과 함께 이야기를 나눕니다.

마침 우리 반은 국어 시간에 관용 표현에 대해 공부하고 있습니다. 지금 배우고 있는 관용 표현을 오조봇과 연결시켜 더 알아보면 좋겠다는 아이디어가 나왔습니다. 메이커 교육의 활동 주체는 아이들입니다. 하지만 교육과정을 분석하고 재구성하여 수업 안에서 어떻게 메이커 교육을 풀어내느냐는 교사의 몫입니다. 아이들이 중심이 될 수 있도록 논의의 장을 만들어 주고 적절한 주제를 정할 수 있도록 수업을 이끌어 가야 한다는 점, 그것을 잊어버려서는 안 됩니다.

아이들은 국어 교과서와 ICT기기,

국어사전을 활용해 각자 관용 표현 열 개를 찾았습니다. 수업 시간에 배운 내용이어도 괜찮고 새롭게 알게 된 내용도 상관없습니다. 단, 자신이 찾은 관용 표현이 어떤 뜻을 가지고 있는지 알아야 합니다. 그리고 반 친구들에게 설명

⑤ 방법을 바꿔 관용 표현 놀이하기

할 수 있을 정도로 이해해야 합니다. 이렇게 제한을 두지 않으면 아이들은 친구들이 이해할 수 없는, 어려운 관용 표현을 찾는 경우가 많습니다. 아이들 주도적으로 문제를 해결하는 활동이 되기 위해서는 적절한 규칙과 약속이 필요합니다. 창의적인 생각은 무조건적인 자유가 주어졌을 때 생기는 것이 아닙니다. 서로 합의된 약속 안에서 세상의 문제를 해결할 수 있는 생각들이 만들어집니다.

관용 표현을 다 찾은 후에는 커다란 종이 위에 검정 매직을 사용해 여러 갈래의 길을 그립니다. 중간중간 다양한 색깔의 매직을 사용해 오조봇을 자신이 원하는 방향으로 움직이게 만들거나 이동 속도가 바뀌도록 해 줍니다. 이렇게 만들어진 여러 갈래 길의 끝에 아이들이 조사한 관용 표현들을 씁니다.

오조봇을 길 위에 올려놓기 전, 아이들은 매직으로 그린 길 끝에 있는 관용 표현이 어떤 뜻을 가지고 있는지 친구들에게 설명해 줍니다. 오조봇을 활용해 관용 표현을 알아보는 이번 활동은 친구들이 맞추지 못하게 하는 것이 목적이 아닙니다. 각자가 조사한 관용 표현을 모든 친구들이 알 수 있도록 해야 합니다. 그래서 자신이 조사한 관용 표현에 대해 자세

하게 설명해 주는 과정이 필요합니다. 혼자서만 조사하면 열 개를 배우게 되지만, 친구들과 함께하면 '친구들의 숫자×10'만큼의 관용 표현을 더 배우게 됩니다.

아이들이 조사한 관용 표현에 대한 설명이 모두 끝나면 각자의 오조봇을 길 위에 올려놓습니다. 출발 지점은 각자 자유롭게 선택합니다. 한번 출발한 오조봇은 1분 동안 매직으로 그린 길 위를 자유롭게 이동합니다. 그러다 관용 표현이 기록된 길 끝에 오조봇이 도착하면 그 표현이 어떤 뜻인지를 친구들에게 설명합니다. 설명을 잘 하면 1점을 획득하게 되고, 설명을 잘 못하면 점수를 얻지 못합니다. 오조봇이 길 위에서 움직이는 1분 동안 관용 표현의 뜻을 정확하게 이야기해서 많은 점수를 얻은 사람이 게임에서 이기게 됩니다.

이러한 방법으로 수업을 진행하던 중 아이들이 새로운 제안을 합니다. 놀이 방법이 너무 복잡하고 소란스러우니 규칙을 수정하거나 다른 방법으로 활동을 했으면 좋겠다고 합니다. 다양한 장비를 사용해 눈에 보이는 결과물을 만들어 내는 것만이 메이커 교육은 아닙니다. 아이들의 창의적인 아이디어와 토의를 통해 만들어진 눈에 보이지 않는 규칙과 활동 절차 등도 중요한 결과물입니다. 이것이 모여 활동이 되고, 활동이 모여 지식이 되며, 지식이 유기적으로 연결되어 창의적인 결과물이 만들어집니다.

아이들은 규칙이 좀 더 간단하고 활동이 소란스럽지 않으며 흥미를 더할 수 있는 방법으로 게임을 이끌어 나갑니다. 아이 한 명이 다른 아이들은 알지 못하도록 가려진 작은 칠판에 자신이 알고 있는 관용 표현 하나

204

를 씁니다. 그러면 다른 아이들은 칠판에 어떤 관용 표현이 쓰여 있을지 추측한 후, 자신의 오조봇을 작동시킵니다. 오조봇이 칠판에 기록된 관용 표현을 지날 때 그 뜻을 정확히 말하면 이기는 게임입니다. 그러고 나서 정답을 맞춘 학생이 칠판에 새로운 관용 표현을 기록하면 나머지 학생들은 새롭게 게임을 시작합니다.

오조봇은 작동법이 쉬워 저학년 아이들이 활용하기 좋습니다. 하지만 자칫 흥미 위주의 활동으로 끝나 버릴 우려가 있습니다. 그래서 여러 색깔의 매직을 사용해 오조봇이 다양한 길을 가고, 이를 통해 아이들 스스로 문제를 해결할 수 있도록 만들어 주는 아이디어가 필요합니다.

도덕 시간에는 오조봇을 활용하여 딜레마 문제를 해결하는 게임을 하였습니다. 딜레마 상황에서 내릴 수 있는 다양한 결론을 생각해 보고 종이 위에 씁니다. 그 결론 중에서 자신은 어떤 생각을 지지하는지 결정합니다. 그런 다음 원하는 방향으로 오조봇을 움직일 수 있도록 여러 색깔의 매직을 사용해 길을 만들어 줍니다. 이 활동의 핵심은 아이들 스스로 결정을 하고, 그렇게 결정한 근거는 무엇인지 이야기를 나눌 수 있는 여건을 마련해 주는 것입니다.

이렇듯 오조봇은 학생들의 수준에 따라 몇 가지 아이디어를 더해 수업에서 다양하게 활용할 수 있습니다. 메이커 교육에서 강조하는 학생 중심 수업은 멀리 있지 않습니다. 아이들이 많은 이야기를 나눌 수 있도록 환경을 만들어 주고 다양한 생각들에 대해 지지하고 격려해 준다면 우리 교실에서도 충분히 의미 있는 메이커 교육이 이루어질 수 있습니다.

2. 햄스터, 코코넛, 큐브로이드 로봇을 활용한 노래 만들기

활동 준비물 :	노트북, 햄스터 로봇, 코코넛 로봇, 큐브로이드 로봇
중심 교과: 음악	〔4음03-01〕 음악을 활용하여 가정, 학교, 사회 등의 행사에 참여하고 느낌을 발표한다.
관련 교과: 실과	〔6실04-10〕 자료를 입력하고 필요한 처리를 수행한 후 결과를 출력하는 단순한 프로그램을 설계한다. 〔6실04-11〕 문제를 해결하는 프로그램을 만드는 과정에서 순차, 선택, 반복 등의 구조를 이해한다.

음악 시간에 이루어지는 많은 활동 중 하나가 노래 부르기입니다. 하지만 노래 부르는 것을 좋아하는 아이들이 있는 반면, 어떤 아이들은 입도 뻥긋하지 않습니다. 특히 고학년이 되면 이런 모습들을 음악 시간에 자주 봅니다.

'어떻게 하면 아이들이 재미있게 노래를 부를까?'

'노래 부르기를 대체할 수 있는 다른 활동은 없을까?'

노래 부르기 수업을 마친 후 아이들과 이야기를 나눕니다. 이야기를 나누는 것만큼 좋은 아이디어 창고는 없는 것 같습니다. 아이들과의 이야기를 통해 나는 수업에 필요한 아이디어를 얻고, 아이들은 자신의 생각이 반영된 수업에 참여할 수 있게 됩니다. 학생 중심, 과정 중심 수업은 이처럼 아이들과 이야기를 나누고 생각을 공유하는 과정에서 구현될 수 있습니다. 자기 생각이 반영되고 자기 의견이 존중받는다고 느낀 아이들은 활동에 더 적극적으로 참여합니다. 또한 문제를 해결하고 결과물을 만드는 과정에서도 포기하지 않고 끝까지 자신이 맡은 일을 완수합니다.

아이들과 이야기하던 중 교실에 있던 여러 로봇들이 생각났습니다. 그동안 로봇은 실과 수업과 여러 행사 활동에서 사용했습니다. 로봇들은 움직이거나, 빛을 내거나, 소리를 내는 기능들이 탑재되어 있습니다. 아이들은 간단한 코딩을 통해 이 기능들을 활용한 경험이 있습니다.

"선생님, 로봇들로 노래를 만들면 좋을 것 같아요."

"음악 교과서에 있는 동요의 계이름을 코딩해서 로봇들이 노래를 부르게 해 보고 싶어요."

그동안은 로봇들을 원하는 곳으로 움직이게 하는 것에 초점을 두고 활용했습니다. 로봇들이 소리도 낼 수 있다는 것을 알고 있었지만 수업에 활용해 볼 생각은 하지 못했습니다. 우리가 어떻게 생각하느냐에 따라 로봇들은 음악, 미술, 역사 시간에도 모두 활용할 수 있습니다. 작은 종이 한 장도 그 안에 어떤 아이디어를 담느냐에 따라 귀중한 수업 매체가 될 수 있습니다. 메이커 교육에서 사용하는 매체는 거대한 장비, 값비

1 계이름 코딩하기 - 햄스터 로봇

1 계이름 코딩하기 - 코코넛 로봇

1 계이름 코딩하기 - 큐브로이드 로봇

2 로봇들이 부르는 계이름 동요 감상하기

싼 로봇이 다가 아닙니다. 아이들의 사고력을 높여 줄 수 있는 도구라면 연필 한 자루도, 작은 햄스터 로봇 한 대도 모두 멋진 메이커 교육 매체가 될 수 있습니다.

아이들을 2인 1모둠으로 구성하여 모둠별로 원하는 로봇을 선택하여 로봇이 노래 한 곡을 부를 수 있도록 코딩합니다. 코딩을 잘 못하는 아이들은 악보를 보고 계이름으로 바꾸는 작업을 합니다. 계이름을 잘 모르는 아이들은 코딩 블록을 사용해 로봇이 노래를 부를 수 있도록 코딩을 할 수 있습니다. 서로 부족한 점을 보완할 수 있도록 모둠을 구성하니 아이들 모두 흥미와 관심을 가지고 활동에 참여합니다.

친구와 이야기할 기회가 많아지니 수업 이외의 학교 이야기나 방과 후에 무엇을 할지 등에 대해서도 자연스럽게 이야기를 나누게 됩니다. 이런 이야기들이 모두 쓸모없거나 불필요한 것들은 아닙니다. 패션과 관련된 이야기에서 로봇의 외형을 꾸미는 아이디어를 얻고, 아이돌과 관련된 이야기에서 노래를 부르며 움직이는 동선을 생각하기도 합니다.

한 번의 코딩으로 로봇들이 제대로 노래를 부르는 것은 아닙니다. 이때 필요한 것이 반복적인 수정 작업이며 끝까지 해내는 끈기입니다. 함께하는 친구가 있기에 반복의 과정이 지루하지만은 않습니다. 다양하고 흥미로운 이야기가 있기에 생각이 계속 이어질 수 있습니다.

아이들 대신 로봇들이 계이름으로 동요를 부릅니다. 로봇들은 합창은 물론 돌림노래도 부를 수 있습니다. 2부 합창도 가능합니다. 합창, 돌림노래, 2부 합창을 하기 위해서는 음악의 기본 이론을 알아야 합니다.

교과서만 가지고 음악을 공부하려 했다면 수업에 흥미를 느끼지 못하는 아이들이 많았을 겁니다. 하지만 로봇을 활용하니 관심을 가지고 참여합니다. 모르는 내용은 친구와 이야기를 나누며 해결하니, 다소 딱딱한 음악 이론도 대화와 체험으로 이해할 수 있게 됩니다.

이런 즐거운 경험을 통해 아이들이 음악 이론을 어렵지 않게 생각했으면 좋겠습니다. 아이들 스스로 관찰하고 즐거운 마음으로 참여해서 얻은 지식은 좋은 기억으로 오래도록 머릿속에 남을 것입니다.

3. 드론으로 촬영한 학교 모습 그리기

활동 준비물 :	캔버스, 아크릴물감과 붓, 드론
중심 교과: 미술	[6미02-01] 표현 주제를 잘 나타낼 수 있는 다양한 소재를 탐색할 수 있다. [6미02-06] 작품 제작 과정에서 느낀 점, 알게 된 점 등을 서로 이야기할 수 있다.
관련 교과: 국어	[4국01-02] 주변 대상을 탐색하여 자신의 느낌과 생각을 다양한 방법으로 나타낼 수 있다.

상업용으로 사용하던 드론을 교육 분야에서도 많이 활용하고 있습니다. 전에는 단순히 날리고 조작하는 수준이었다면 최근에는 코딩을 통해 드론을 원하는 순서와 방향으로 아주 정교하게 움직일 수 있습니다. 대표적인 사례가 평창올림픽 개막식 때 선보였던 드론 공연입니다. 드론이 오와 열을 맞추어 움직이는 모습을 보며 생각했습니다.

'드론을 수업 시간에 어떻게 활용해 볼까?'

고민을 이어 가던 중 문득 학창 시절 중학교 교과서에서 본 겸재 정선의 〈인왕제색도〉가 떠올랐습니다. 그때 미술 선생님이 〈인왕제색도〉에 대해 이야기하면서 한국화의 삼원법을 설명해 주셨습니다. 그림을 그려 가며 삼원법의 개념을 몇 번이고 외웠던 기억이 납니다. 삼원법의 개념을 간단하게 살펴보겠습니다.

> 고원법: 눈높이를 화면의 아래에 두고 산 밑에서 산의 정상을 올려다본 것처럼 그리는 것으로 자연의 웅대함을 표현할 때 사용한다.
> 평원법: 눈높이를 화면 중앙에 두고 자연스럽게 앞을 보며 그린 것이다.
> 심원법: 눈높이를 화면 위쪽에 두고 아래를 내려다보는 상태에서 그린 것으로 자연의 무한한 깊이를 나타낼 때 사용한다.

중학교 졸업 후 삼원법을 접할 일은 거의 없었습니다. 이런 내용은 잊어버려도 되건만, 20년이 지난 지금까지도 머릿속에 남아 있다는 사실에 깜짝 놀랍니다.

평상시 미술 시간에 아이들과 건물 그림을 그리면 보통 아래에서 위로 올려다보거나(고원법), 눈높이에 대상을 두고(평원법) 그림을 그립니다. 현실적으로 위에서 내려다보는(심원법) 그림은 그리기가 쉽지 않습니다. 위에서 내려다보는 그림을 그리기 위해서는 학교 옥상 등 높은 곳에 올라가야 합니다. 하지만 학교 옥상은 위험한 곳으로 여겨져 문이 잠겨 있는 경우가 많습니다. 또 그림을 그리기 위해서 아이들을 데리고 옥상에 올라가는 일도 거의 없습니다. 대신 학교 뒷동산이 있다면 이곳을 활용합니다. 학교 뒷동산이 높고 학교 건물과 어느 정도 거리가 있다면 학교 건물을 내려다보며 그림을 그릴 수 있습니다. 하지만 뒷동산과 학교 건물 사이에 무언가가 있거나 그 거리가 가깝다면 내려다보는 그림을 그리기는 어렵습니다.

이때 활용할 수 있는 것이 바로 카메라가 부착된 드론입니다. 카메라가 부착된 드론이 있으면 학교를 내려다보는 그림을 충분히 그릴 수 있습니다. 학교에서 드론 체험 부스를 몇 차례 운영했기에 우리 반 아이들 중에도 몇몇은 드론을 조작해서 원하는 영상을 찍을 줄 압니다. 아이들에게 드론을 활용한 그림 그리기 활동을 안내하고, 중간놀이 시간과 점심시간을 활용해 드론으로 학교 주변 영상을 찍도록 합니다. 드론을 조작하는 것을 좋아하는 아이들은 그날 중간놀이 시간에 바로 학교 운동장으로 나갑니다. 드론을 날리는 것이 목적이 아니라, 카메라를 부착한 드론으로 영상을 찍은 후 이것을 그림으로 그려야 합니다. 아이들은 어떻게 드론을 날릴지, 어디까지 날릴지, 얼마나 높이 날릴지 등에 대해 서로 이야기를 나눕니다.

바람을 일으키며 드론이 하늘 높이 올라갑니다. 아이들은 드론에 부착된 카메라가 스마트폰으로 전송하는 영상을 보며 그림으로 그릴 장면에 대해 친구들과 이야기를 나눕니다. 평상시 보던 학교와는 다른 모습의 학교가 영상으로 펼쳐집니다. 하늘 위에서 보는 학교는 그동안 보지 못했던 여러 모습을 보여 줍니다. 학교 주위의 산과 도로, 나무들 역시 평상시 보던 것과는 완전히 다른 풍경이어서 새로운 그림을 그릴 수 있는 소중한 아이디어를 제공합니다.

이렇게 촬영된 학교 영상을 교실에서 아이들과 함께 시청합니다. 아이들은 각기 그리고 싶은 풍경을 선택합니다. 아이들이 선택한 장면은 바로 캡처하여 그림의 도안으로 활용합니다. 캡처한 사진을 출력하여 아이들에게 나누어 주면 작품을 제작할 준비가 마무리됩니다.

학교에서 컬러프린터를 자유롭게 활용할 수 있다면 컬러로 출력하여 아이들에게 나누어 줄 수 있습니다. 흑백이든, 컬러든 각각 장점이 있습니다. 컬러로 출력된 사진은 학교와 그 주변의 색감을 그대로 느낄 수 있다는 장점이 있습니다. 컬러 사진이 있으면 아이들은 앉은 자리에서 그림을 완성할 수 있습니다. 흑백으로 출력했을 때도 장점이 있습니다. 흑백 사진을 보고 캔버스에 색을 칠하기 위해서는 교실 밖으로 나가 나무와 잔디, 학교 건물을 직접 눈으로 보아야 합니다. 이를 통해 평소 무심코 지나쳤던 학교와 그 주변 모습에 관심을 가질 수 있습니다.

아이들은 매직, 수채물감, 아크릴물

1 학교 전경 사진 선택하여 출력하기

2 캔버스에 그리기

3 색칠하기

4 완성된 작품 전시하기

Part 6 소프트웨어, 메이커 교육을 만나다

감, 연필 등 교실에서 구할 수 있는 다양한 재료를 사용해 학교와 그 주변의 모습을 화폭에 담습니다.

그림을 그리는 문제를 해결하기 위해 아이들은 친구들과 이야기를 나누는 과정을 거칩니다. 평소 하늘에 날리는 목적으로만 사용했던 드론이 그림 그리기 수업에서 매우 효과적인 도구가 될 수 있다는 걸 알게 됩니다. 그리고 아이들 스스로 드론을 날려 영상을 촬영하고 이를 활용해 멋진 그림을 완성합니다.

아이들이 캔버스에 그리는 그림은 학교의 실제 모습과 똑같지 않아도 됩니다. 똑같을 필요가 없습니다. 그림에는 아이들의 생각과 상상력이 보태어지기 때문입니다. 중요하지 않은 부분은 생략할 수 있고 자신이 좋아하는 색깔로 꾸밀 수도 있습니다. 보이는 그대로 그리는 것보다 자신의 생각을 더해 보는 것이 아이들의 생각을 키우는 데 도움을 줍니다.

학교는 푸른 색깔로 옷을 갈아입은 나무들에 둘러싸여 있습니다. 학교 주변 풍경을 그리며 조잘대는 아이들의 목소리가 초록 물감이 펼쳐진 교실에 울려 퍼집니다. 세상에 하나뿐인 그림을 캔버스에 그리고 있는 아이들의 모습을 보니 오늘따라 함께 그림이 그리고 싶어집니다.

4. 스크래치 프로그램을 활용해 아름다운 우리 국토 소개하기

활동 준비물 :	노트북, 스크래치 프로그램
중심 교과: 사회	〔6사01-01〕 우리나라의 위치와 영역이 지니는 특성을 설명하고, 이를 바탕으로 국토 사랑의 태도를 기른다.
관련 교과: 국어, 실과	〔6국03-03〕 목적이나 대상에 따라 알맞은 형식과 자료를 사용하여 설명 하는 글을 쓴다. 〔6실04-09〕 프로그래밍 도구를 사용하여 기초적인 프로그래밍 과정을 체험한다.

초등학교에서 소프트웨어 교육을 위해 가장 많이 사용하는 프로그램은 엔트리와 스크래치입니다. 이 둘은 블록을 끼워 넣는 간단한 방법으로 오브젝트를 움직일 수 있습니다. 학생들은 큰 어려움 없이 자신의 생각을 코딩으로 구현할 수 있습니다.

지난해에는 엔트리 프로그램을 수업에 많이 활용했습니다. 하지만 엔트리 프로그램으로는 드론을 코딩해서 날릴 수가 없었습니다. 엔트리 프로그램과 드론이 서로 호환되지 않기 때문입니다. 그래서 올해는 드론도 코딩해서 하늘에 띄울 수 있는 스크래치 프로그램을 수업에 활용합니다.

아이들은 사회 시간에 우리 국토에 대해 배웁니다. 영토, 영해, 영공 및 우리 국토가 지닌 특징을 알아봅니다. 우리나라는 삼면이 바다로 둘러싸여 있어서 바다로 진출하기 좋은 지리적 특징을 가지고 있으며, 육지와도 연결되어 통일이 되면 유럽까지 기차로 갈 수 있습니다.

아이들은 자신들이 배우고 조사한 내용을 바탕으로 우리 국토를 소개하는 자료를 만듭니다. 그림으로 표현할 수도 있고 지점토를 활용하여 입체로 만들 수도 있습니다. 하지만 오늘은 이런 방법 말고 스크래치 프로그램을 활용하여 아름다운 우리 국토를 소개해 봅니다.

우리 국토의 특징을 소개하는 것은 넓은 범위의 배움인 '개념 전달'에 가깝습니다. 개념적인 내용은 이미 교과서를 통해 충분히 학습했습니다. 아이들은 자신이 살고 있는 곳, 생활과 관련된 것, 관심 있는 것을 배움의 대상으로 삼을 때 더 적극적으로 학습합니다. 결과물을 만들어 내는 메이커 교육에서는 특히나 그러합니다. 아이들의 창의적인 아이디어를 끌어내기 위해서는 아이들이 직접 겪은 생활의 문제, 관심 있어 하는 것을 활동의 소재로 삼아야 합니다. 따라서 우리 국토 중 소개하고 싶은 곳을 직접 선택하게 합니다.

아이들이 소개하고 싶은 곳을 선택했다면 교사가 임의로 바꾸지 않고 그대로 진행하게 하는 것이 좋습니다. 교과서에 나와 있는 장소도 괜찮고 자신이 평소 관심 있어 했던 곳도 좋습니다. 어느 곳이든 상관없습니다. 소개할 장소에 대해 다 함께 이야기를 나누다 보면 비슷한 생각을 하고 있는 아이들이 나옵니다. 그러면 그 아이들을 하나의 모둠으로 만들어 생각을 공유할 수 있도록 합니다. 혼자 하고 싶어 하거나 반 친구들과 전혀 다른 곳을 선택한 아이들은 혼자 조사하고 제작할 수 있도록 안내합니다.

1 서로 이야기를 나누며 코딩하는 모습

여기서 중요하게 고려해야 할 점이 있습니다. 아이들의 역량입니다. 스크래치 프로그램으로 작품을 제작할 수 있는 아이가 있는 반면, 어려워하는 아이가 있습니다. 자료를 조사하고 정리하는 것을 잘하는 아이가 있는가 하면, 내용을 이해하고 조사하고 정리하는 과정을 어려워하는 아이도 있습니다. 교사가 아이들의 역량을 잘 알고 있으면 모둠을 편성하는 데 도움이 됩니다. 학습의 전반적 흐름은 아이들이 주도하지

2 아이들이 제작한 작품

3 위두랑을 통해 공유한 아이들 작품

만, 교사로서 배움이 일어날 수 있는 환경을 조성하고 적절한 모둠을 갖

출 수 있도록 합니다. 물론 아이가 자신에게 필요한 도움을 스스로 알아채고 먼저 요청하는 경우도 있습니다. "선생님, 저는 스크래치 프로그램이 처음이어서 좀 어려워요." 하고 말입니다. 이때는 아이를 스크래치 프로그램을 잘 활용하는 친구가 있는 모둠에 보내 배워 가며 함께 활동할 수 있게 합니다.

과거에는 학습 결과물이라 하면 물리적인 형태를 갖춘 것을 의미했습니다. 하지만 요즈음에는 교육 프로그램, 소프트웨어, 유튜브를 비롯한 각종 소셜미디어 등 여러 도구와 매체를 수업에 활용할 수 있습니다. 따라서 반드시 손에 잡히는 결과물만이 메이커 교육의 산출물은 아닙니다. 크리에이터를 선망하는 아이들에게 유튜브와 각종 소셜미디어는 메이커 교육의 새로운 방향을 제시해 줍니다. 영상을 찍고, 이를 공유하여 사람들에게 피드백을 받고, 미흡한 점을 보완하여 다시 새로운 영상을 만드는 순환 과정 속에서 창조적인 결과물이 만들어집니다.

아이들은 컴퓨터와 스크래치 코딩 프로그램을 활용해 새로운 관점의 메이커 활동을 합니다. 결과물을 교실에 전시할 수 없고 손으로 잡을 수도 없지만, 더 많은 사람들에게 내가 만든 결과물을 알리고 이야기를 나눕니다. 제작은 교실이라는 공간에서 이루어지지만, 피드백과 수정 작업은 온라인상에서 잘 모르는 사람들과 소통하고 협력하며 이루어집니다.

역사 시간에 배운 경복궁부터 아이들이 살고 있는 화순, 화순을 대표하는 백아산 하늘다리 등 아이들은 자기들이 관심 있는 장소를 소개하고 싶은 곳으로 선택했습니다. 그리고 코딩 프로그램을 활용해 움직이는 영상을 만들었습니다. 이제 아이들은 조금 더 실감 나게 만들고 싶어 합니다. 어떻게 하면 좋을지 고민하다가 유튜브에서 다른 학교 학생들의 학습 결과물을 보며 아이디어를 얻습니다. 그중 하나가 바로 '더빙'입니다. 아이들은 스크래치 프로그램을 통해 영상에 자막을 넣고 동시에 자막을 읽어 주는 음성을 넣기로 합니다. 그 방법은 다음과 같습니다.

먼저, 인터넷에서 무료 녹음 프로그램을 내려받습니다. 다음으로, 노트북에 이어폰을 꽂은 후 직접 자막을 읽으면서 자신의 목소리를 녹음합니다. 마지막으로, 녹음된 소리를 스크래치 프로그램의 '소리 업로드하기'를 통해 영상 위에 덧씌웁니다.

영상에 음성을 넣어 주는 또 다른 방법이 있습니다. 스크래치 프로그램의 '소리 녹음하기' 기능을 활용하는 것입니다. 이 기능 덕에 아이들은 스크래치 프로그램을 작동시킨 후 바로 자신의 목소리를 녹음할 수 있습니다. 이렇게 녹음된 자신의 목소리를 해당 자막 위에 배치하면 보다 실감 나는 우리 국토 소개 영상을 완성할 수 있습니다.

더빙이라는 방식을 발견한 아이들은 서로 협력해서 목소리 녹음 방법을 찾아보고, 또 각자가 찾은 방법을 공유합니다.

창의적인 아이디어는 뉴턴이 사과나무에서 떨어지는 사과를 보며 발견한 만유인력의 법칙처럼 혼자 사색할 때 떠오르기도 합니다. 하지만 대부분의 창의적 아이디어는 사람들과 이야기를 나누는 과정 속에서 발견하게 됩니다. 아이들은 자신의 목소리로 더빙을 해서 더욱 실감 나는 소개 영상을 제작합니다. 그러고 나서 SNS에 영상 작품을 공유합니다.

아이들이 수업 시간에 완성한 영상 작품은 다른 아이들도 볼 수 있게 전시하는 것이 중요합니다. 하지만 아이들이 제작한 영상을 교실 게시판에 붙일 수는 없습니다. 이때 활용하는 것이 학급 홈페이지입니다. 우리 반은 위두랑을 학급 홈페이지로 활용하고 있기에 각 모둠에서 만든 영상을 위두랑에 올려 모두가 볼 수 있도록 합니다. 그리고 아이들은 다른 모둠이 만든 영상을 보고 서로 댓글을 달아 줍니다.

아이들이 지속적으로 학습 활동에 집중할 수 있게 하고 흥미를 유지시켜 주는 좋은 방법 중 하나가 간헐적인 칭찬입니다. 온라인에서 이루어지는 칭찬은 댓글로 표현됩니다. 댓글은 아이들의 창작 의욕을 더욱 높일 수 있는 장점을 가지고 있습니다. 잘못된 점을 지적하기보다 좋은 점을 찾아 아낌없이 칭찬해 주면 아이들의 마음에 긍정적인 경험이 쌓이게 됩니다. 이런 긍정적 기억은 좋은 선경험으로 남게 되고, 다음 학습이 이루어질 때 보다 의미 있는 정보를 구성할 수 있도록 도와줍니다.

요즘 아이들이 선망하는 직업 중 하나가 유투브 크리에이터입니다. 유투브는 아이들에게 중요한 놀이의 영역이자 자신의 생각을 펼치는 통로 중 하나입니다. 유투브 채널을 운영하며 자신만의 영상을 올리는 아이들도 있습니다.

유투브 계정을 가지고 있는 아이들은 제작한 영상을 유투브에 탑재해 많은 사람이 볼 수 있게 합니다. 아이들은 영상을 유투브에 올리면서 자신이 살고 있는 화순과 학교 뒤에 있는 백아산 하늘다리에 많은 사람들이 관심을 가졌으면 하는 바람을 가집니다.

5. 내가 등장하는 홀로그램 만들기

활동 준비물:	가위, 칼, OHP필름, 스마트폰, 삼각대, 검은 천, 노트북 및 파워포인트
중심 교과: 미술	〔6미02-03〕 다양한 자료를 활용하여 아이디어와 관련된 표현 내용을 구체화할 수 있다.
관련 교과: 실과	〔6실05-04〕 다양한 재료를 활용하여 창의적인 제품을 구상하고 제작한다.

수업 자료를 찾기 위해 유투브를 보다가 놀라운 영상 하나를 발견합니다. 아이들이 체육관 강당에 앉아 있고 강당 중앙에서 고래 한 마리가 물을 튀기며 솟아오르는 장면입니다. 이 영상을 보고 깜짝 놀랐습니다. 바다도 아닌 곳에서 커다란 고래가 눈앞에서 솟아오르다니요. 물론 이 영상은 실제가 아닙니다. 그렇지만 아이들의 호기심과 흥미를 끌기에는 충분합니다.

학교 강당에 고래가 나타나는 영상(출처: youtu.be/REol1QC7Uy0)

문득 이러한 영상 기술을 수업 시간에 활용해 보고 싶다는 생각이 들었습니다. 커다란 고래를 눈앞에 보여 주려면 어떤 첨단 기술을 사용해야 하는지 조사해 보았습니다. 이때 새롭게 알게 된 것이 '홀로그램'입니다. 누군가가 홀로그램 기술을 활용했다면 이를 배워서 똑같지는 않지만 유사하게 활용할 수 있겠다는 생각을 합니다.

다음 날 아이들과 함께 체육관 강당에서 솟구쳐 오르는 고래 영상을 시청합니다. 아이들 역시 영상을 보고 깜짝 놀랍니다. 깜짝 놀란 표정은, 다른 말로 하면 활동에 관심을 갖게 되었다는 표현의 일종입니다.

"여기에 사용된 기술은 홀로그램이라고 합니다. 우리도 홀로그램을 사용해서 작품을 제작하는 활동을 할 거예요."

이렇게 말하자 아이들이 다소 당황해합니다. 홀로그램이라는 말도 낯선데, 홀로그램을 수업 시간에 활용한다고 하니까 말입니다. 물론 나는 집에서 고래가 나오는 홀로그램 영상을 본 후 인터넷 검색을 통해 홀로그램을 만들 수 있는 방법을 미리 찾아 두었습니다. 홀로그램이 보이는 영상과 홀로그램을 입체적으로 비출 수 있는 도안이 인터넷상에 무료로 공개되어 있습니다. 그뿐 아니라 사람의 얼굴을 홀로그램으로 제작하는 방법도 소개되어 있습니다. 하지만 아이들에게는 이 사실을 말하지 않고 함께 해결 방법을 찾아보자고 이야기합니다.

"분명히 누군가는 우리처럼 홀로그램에 대해 생각하고 직접 홀로그램을 영상을 만들어 보지 않았을까요?"

"그럴 것 같아요. 잘 찾으면 될 것 같은데⋯⋯."

아이들은 모둠별로 모여 서로 논의하면서 검색을 합니다. 적절한 발문과 발판을 제공하니, 아이들이 관심을 가지고 홀로그램에 관한 문제를 해결하기 위해 적극적으로 참여합니다.

"선생님, 찾았어요!"

몇몇 아이들이 큰 소리로 말하며 환호성을 지릅니다. 우리가 고민했던 문제를 먼저 해결한 사람이 홀로그램 만드는 방법을 영상으로 제작해서 유튜브에 공유해 놓았습니다. 아이들은 이 영상을 참고해서 필요한 재료들을 챙깁니다. 나는 이 영상을 집에서 이미 보았기에 필요한 재료를 교실에 가져다 두었습니다.

'OHP필름은 교실에 있으니까 따로 준비하지 않아도 되지만 검은 천은 교실에 없으니 준비해 가야겠다.'

이런 생각으로 집에 있는 검은 천 몇 장을 가지고 온 것이지요. 하지만 아이들에게는 보여 주지 않고 있었습니다. 검은 천을 군이 꺼낼 필요가 없었기 때문입니다. 오늘 아이들이 입고 온 외투 중에 검정색인 것들

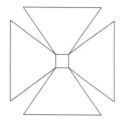
홀로그램 틀 도안

이 있어서입니다. 검정색 외투를 활용하면 충분히 홀로그램 효과가 나오게 할 수 있습니다.

아이들은 먼저 홀로그램 영상을 비출 틀을 OHP필름으로 제작합니다. 홀로그램 도안은 인터넷 검색을 통해 직접 찾고 이를 OHP필름에 옮겨 그린 후 자릅니다. 도안의 모양과 크기를 변형하는 등 자신만의 아이디어를 더해서 만듭니다.

홀로그램을 비춰 줄 틀을 만든 후에는 유튜브에서 홀로그램 영상을 찾아 ICT기기에서 실행시킵니다. 그 위에 OHP 필름으로 만든 틀을 올려놓으면 평면으로 보이던 영상이 OHP필름에 비춰져 살아 있는 것처럼 입체적으로 보입니다. OHP필름으로 만든 틀이 작아서 체육관 강당에서 본 유튜브 영상의 고래처럼 크게 볼 수는 없지만, 자신이 만든 OHP필름에 홀로그램 영상이 보이자 아이들은 아주 좋아합니다.

여기서 주의할 점이 있습니다. 바로 장소입니다. 홀로그램을 보기 위해서는 주위가 어두워야 합니다. 그래서 아이들은 교실 불을 모두 끄고, 커튼으로 창을 모두 가린 후 청소도구 정리함, 책상 밑, 피아노 밑으로 들어가 홀로그램을 감상합니다.

이제 아이들은 자신의 모습이 나오는 홀로그램도 충분히 만들 수 있겠다는 자신감을 얻고 다시 활동을 시작합니다. 유튜브에 올라와 있는 영상을 꼼꼼히 살펴봅니다. 유튜버는 단순히 인사말 정도의 내용을 담아 홀로그램으로 만들었다면 우리는 국어 교과서에서 배우는 내용을 영상에 담기로 했습니다. 영상을 찍기 위해 삼각대를 설치하고, 그 위에 스마트폰

을 고정시킵니다. 그런 다음 검은 옷을
입고, 검은색 점퍼로 배경을 만든 후에
책 읽는 모습을 촬영합니다.

이 모든 활동이 한번에 완료되지는
않습니다. 누가 영상을 찍을 것이며, 책
은 누가 읽고, 검은 옷을 어떻게 입어
야 화면에 잘 나올지 끊임없이 이야기
를 나눕니다. 촬영을 할 때는 계속해서
NG가 나고 다시 찍는 과정이 반복됩니
다. 하지만 아이들은 스스로 문제를 해
결하는 방법을 찾고 모든 과정을 친구
들과 협력해서 해결하기에 포기하지 않
습니다. 많은 실패 끝에 홀로그램에 비
출 영상이 만들어집니다.

하지만 여기서 끝난 것이 아닙니다.
아이들이 등장한 홀로그램 영상을 파워
포인트에서 변환하는 작업이 남았습니
다. 아이들은 유튜브 영상을 보며 파워
포인트에서 어떻게 동영상을 추가하고
어떤 방향으로 편집할지 이야기를 나눕
니다. 이 과정 역시 많은 시행착오를 거
듭합니다.

🔳 OHP필름으로 홀로그램 틀 만들기

🔳 OHP필름 틀에 비친 홀로그램 관찰하기

🔳 홀로그램 제작용 영상 찍기

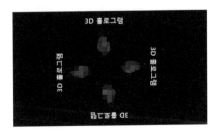
🔳 아이들이 만든 홀로그램 영상

225

그리고 드디어 오랜 시간과 노력으로 아이들이 등장하는 홀로그램 영상이 만들어졌습니다.

처음에 유투브에서 찾은 홀로그램 영상을 보기 위해 아이들은 책상 밑, 피아노 밑으로 들어갔습니다. 어떤 아이들은 청소도구 정리함으로 들어가서 홀로그램 영상을 보았습니다. 이런 경험을 통해 아이들은 이번에는 더 나은 방법으로 홀로그램 영상을 봅니다. 창고에서 가져온 커다란 상자로 어둠상자를 만들고 그 안에서 홀로그램을 감상하는 방법입니다.

아이들은 자신의 모습이 등장하는 홀로그램을 만들기 위해 스스로 인터넷을 검색하고 해결 방법을 찾은 후 친구들과 함께 영상을 제작합니다. 하지만 이 과정이 쉽지 않습니다. 홀로그램 제작 과정을 설명해 주는 유투브 영상을 몇 번이나 봐도 이해가 되지 않는 내용도 있습니다. 이때는 적절한 발문을 통해 아이들이 문제를 해결할 수 있는 발판을 제공합니다. 이런 도움이 필요한 때에 적절하게 제공되니 아이들은 홀로그램이라는 어려운 문제를 잘 해결할 수 있었습니다.

오늘 아이들은 OHP필름에 비치는 작은 홀로그램을 만들었습니다. 하지만 이런 경험들이 쌓이면 영화에서만 보던 첨단 기술이 적용된 커다란 홀로그램을 만들 수도 있을 것입니다. 수많은 논의와 시도, 시행착오 속에서 작은 성공을 경험한 아이들이기에 충분히 가능하지 않을까요?

6. 3D프린터를 활용해
우리 반 아이들 얼굴 만들기

활동 준비물 :	아이들 사진, 3D프린터, 큐라 프로그램
중심 교과: 미술	[4미02-06] 기본적인 표현 재료와 용구의 사용법을 익혀 안전하게 사용할 수 있다. [6미02-05] 다양한 표현 방법의 특징과 과정을 탐색하여 활용할 수 있다.
관련 교과: 실과	[6실04-09] 프로그래밍 도구를 사용하여 기초적인 프로그래밍 과정을 체험한다.

3D프린터는 여러 방면에서 다양하게 활용되고 있습니다. 교육 분야에서도 마찬가지이지요. 컴퓨터로 만든 작품을 손에 잡히는 실제 모습으로 만들어 주기에 활용도는 앞으로 더욱 커질 것입니다. 하지만 많은 학교에서 3D프린터가 효율적으로 활용되지 못하고 있습니다. 3D프린터 활용에 대한 적절한 안내와 교육 없이, 위에서 내려 주는 방식의 현재 시스템에서는 아무리 좋은 메이커 장비라도 활용도가 떨어질 수밖에 없습니다.

3D프린터로 출력한 아이들 얼굴

　우리 학교도 크게 다르지 않았습니다. 고가의 3D프린터가 먼지만 쌓인 채 놓여 있는 것이 안타까워 교실로 들고 왔습니다. 3D프린터 제작업체와 통화하고 유튜브를 보며 사용법을 연구하는 데만 몇 주의 시간이 걸렸습니다. 수업, 학생 및 학부모 면담, 체험학습 인솔, 회의, 공무 처리와 기안, 출장 등 여러 가지 일들이 동시에 돌아가기에 3D프린터 작동법을 공부하는 데 온전히 집중할 수 없었기 때문입니다.

　처음에는 어려운 것보다 쉬운 것을 시도해 보기로 합니다. 아이들이 수업 시간에 3D프린터를 활용하기 위해서는 교사의 사전 지식과 모델링이 필요합니다. 하지만 3D프린터 사용법을 완벽히 숙지하지 못해도 괜찮습니다. 아이들과 함께 찾아보고 고민하는 과정에서 하나씩 해결할 수 있기 때문입니다. 선생님이 모든 것을 알 수 없다는 마음을 가지고 아이들에게 도움을 요청할 때 더 나은 결과를 만들 수 있습니다.

　3D프린터로 무엇을 출력하는 것이 좋을까 찾던 중 유튜브에서 '메이커 다은쌤'이 사진을 3D프린터로 출력하는 영상을 보았습니다. 이 정도

는 아이들과 함께 영상을 보며 출력할 수 있겠다는 생각이 듭니다. 아이들 얼굴이 나온 사진은 학기 초에 찍어 놓은 것을 이용하기로 합니다. 사진을 3D프린터로 출력하기 위해서는 별도의 프로그램이 필요합니다. 그중 하나가 무료로 이용할 수 있는 '큐라'입니다. 역시 유튜브 영상을 보며 큐라를 설치한 후, 순서에 따라서 천천히 만들어 봅니다.

그런데 계속 오류가 나고 제대로 된 작품이 만들어지지 않습니다. 영상을 보고도 이해가 되지 않는 부분은 3D프린터 업체에 전화해서 엔지니어와 이야기를 나누며 하나씩 해결합니다. 수십 번의 실패 끝에 결국 아이들 얼굴 사진을 3D프린터로 출력하는 데 성공합니다. 3D프린터로 출력한 아이들 얼굴은 책상 위에 놓고 보면 얇은 플라스틱 판처럼 보입니다. 하지만 빛이 비치는 곳을 배경으로 하여 보면 책상 위에서는 잘 보이지 않던 얼굴이 선명하게 입체적으로 보입니다. 또 출력물을 드는 각도에 따라 얼굴이 잘 보이기도 하고 그렇지 않기도 합니다.

사진을 3D프린터로 출력하는 데 성공한 후, 큐라 설치 방법, 3D프린터와 호환되게 하는 방법 등에 관한 내용을 영상으로 제작합니다. 이렇게 만든 영상은 아이들이 활용할 수 있도록 블로그와 위두랑에 공유합니다. 아이들은 이 영상을 보며 제가 했던 시

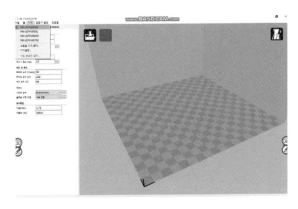

교사가 제작한 디딤영상 화면

행착오를 줄일 수 있습니다. 줄어든 시행착오는 아이들이 창의적인 생각으로 문제를 해결할 수 있도록 시간을 확보해 줍니다.

3D프린터로 무언가를 출력하는 것은 생각보다 쉽지 않습니다. 독학으로 자신이 원하는 모양을 모델링해서 출력하는 것은 더욱 어렵습니다.

그래서 처음에는 '메이커스앤(makersN)'과 같은 사이트를 활용하는 것이 좋습니다. 많은 사람들이 이런 사이트에 자신이 만든 STL, Gcode(3D프린터가 읽을 수 있는 파일 형식) 파일을 무료로 공유하고 있습니다. 필요한 모델링 파일을 찾아 컴퓨터에 저장한 후 3D프린터로 출력만 하면 됩니다. 아이들도 마찬가지입니다. 남들이 만들어 놓은 모델링 파일을 출력하는 것부터 시작하여 점차 스스로 모델링을 하고 원하는 결과물을 만들어 가면 됩니다.

아이들 스스로 모델링을 할 수 있게 되면 3D프린터로 해결할 수 있는 일이 많다는 것을 알게 됩니다. 예를 들면 뜯어져서 잃어버린 외투 단추를 만들어 부착할 수 있고, 문손잡이를 제작할 수도 있습니다.

자각이나 의식적인 노력 없이 수행할 수 있는 정신적 조작 능력을 '자동화'라고 합니다. 자동화에 익숙해진 아이들은 무언가를 만들 때 프로그램 조작이나 도구의 활용에 집중하기보다는 문제 해결에 더 많은 힘을 기울일 수 있습니다. 이것은 창의적인 결과물을 만들어 내는 데 큰 영향을 끼칩니다. 따라서 메이커 교육이 우리 교실에 잘 자리 잡기 위해서는 아이들이 기본적인 프로그램과 도구를 다룰 수 있도록 시간을 확보하고 도움을 줄 수 있는 여건을 마련하는 것이 우선되어야 합니다.

7 Part

← 교실 환경, →

메이커 교육을
만나다

1. 화상 연결을 통한 전문가 협력 수업

활동 준비물 : 삼각대, 스마트폰, C타입 HDMI
미러링 케이블, 블루투스 스피커, 게시판

메이커 교육에서 중요하게 생각하는 요소 중 하나가 창의적인 아이디어를 활용하여 구체적인 결과물을 만들어 내는 것입니다. 이렇게 하기 위해서는 자료를 찾고 다른 학생들과 협력하는 과정이 꼭 필요합니다. 하지만 이런 노력에도 불구하고 해결되지 않는 문제들이 생깁니다. 이럴 때는 전문가로부터 조언을 들으면 의외로 간단하게 해결할 수 있습니다.

그동안 화상 연결을 통해 다양한 전문가들을 만났습니다. 시인 윤의연, 첼리스트 김기용, 특수교사 박은정, 엔지니어 강병국, 역사 전문가 최태성, 분장사 박미리나, 광고영상감독 이은태, 국립습지센터 연구원 임정철, 경기장아나운서 MC 이슈, 변호사 김혜민, 보건연구원, 과학수사관, 세계여행작가 정양권, 근로감독관 이현승, 한국전력공사 차장 김정훈, 문화일보 기자 김기운 등 약 열여섯 명의 전문가들을 만났습니다. 그들은 아이들의 고민을 듣고 잘 해결되지 않는 문제에 대해 아낌없는

Part 7 교실 환경, 메이커 교육을 만나다

윤의연 시인으로부터 받은 시집 선물

조언을 해 주었습니다.

윤의연 시인은 국어 시간에 '시란 무엇인가'에 대해 안내해 주고 시 쓰는 방법을 공유해 주었습니다. 또한 화상 연결 수업 후에 자신의 시집을 아이들 수만큼 선물로 보내 주어서 시화 수업 때 소중하게 활용할 수 있었습니다. 냉장고를 비롯해 각종 전자 제품을 설계하는 강병국 엔지니어는 제품이 만들어지는 과정을 자세히 설명해 주었습니다. 또한 아이들이 제안한 제품의 장점과 보완점에 대해서도 꼼꼼히 짚어 주어서 제품을 만드는 데 큰 도움이 되었습니다. 국립습지센터에서 근무하고 있는 임정철 연구원은 습지에 대해 구체적으로 안내해 주고 국립습지센터 내에 조성한 인공 습지에 대해서도 설명해 주었습니다. 이를 통해 아이들은 습지의 중요성을 알게 되었고 인공 습지를 만들 수 있겠다는 자신감을 얻었습니다. 그리고 '나라 만들기' 수업에서 김혜민 변호사는 아이들이 만든 헌법의 오류를 바로잡아 모든 사람들이 보호받을 수 있는 바른 헌법을 만들 수 있도록 도와주었습니다.

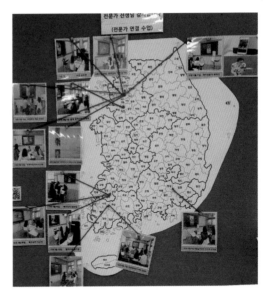

많은 전문가들과 아이들의 만남이 이루어진 수업의 내용과 고마움을 기억하는 공간을 교실 뒤 게시판에 만들기로 합니다. 아이들이 우리나라 지도 이미지 파일을 찾아 위두랑에 탑재하면 교사는 플로터를 활용해 커다랗게 출력합니다. 전

화상 연결로 수업에 도움을 준 전문가들을 지도 위에 표시한 모습

문가들과 함께 수업했던 장면을 찍은 사진도 출력하여 아이들에게 나누어 줍니다. 아이들은 지도를 보면서 전문가들이 일하고 있는 지역을 핀으로 표시합니다. 전문가들과 수업했던 장면 사진에는 설명 글을 붙입니다. 그런 다음 지도 위의 핀에 빨간색 실을 연결하여 사진을 고정합니다. 이 작업을 하면서 아이들은 여러 지역의 위치도 알게 됩니다. 전문가들이 있는 지역은 주로 서울과 경기도입니다. 서울과 수도권 지역에 인구가 집중되어 있고 다양한 종류의 일거리들이 있다는 사실도 알 수 있습니다.

아이들은 다시 한 번 전문가와의 화상 연결 수업을 떠올리며 고마운 마음을 가졌습니다. 그리고 이렇게 만들어진 지도는 근사한 환경 게시판

이 되었습니다. 전문가와의 화상 연결 수업이 더 진행되면서 학급 게시판은 더 빼곡히 채워집니다.

전문가를 학교에 초청하여 직접 만나는 것은 어렵습니다. 하지만 화상으로 연결하면 시간과 공간의 제약을 극복할 수 있습니다. 시골에 살고 있는 우리 반 아이들에게 다양한 직업을 가진 사람들을 만나게 해 주고 싶었습니다. 화상 연결이라고 해서 쉬웠던 것은 아닙니다. 그분들의 근무 시간을 고려하여 따로 시간 약속을 잡아야 합니다. 약속을 잡았더라도 갑작스런 회의, 출장 등으로 화상 연결이 미뤄지는 경우도 발생합니다. 인터넷 연결 상태가 좋지 않아 중간에 화상 통화가 끊기는 일도 있습니다. 그러나 이런 것들보다 더 어려운 것이 있습니다. 바로 전문가를 섭외하는 것입니다.

지인들 중 해당 직업군에 종사하는 사람을 우선적으로 찾았습니다. 하지만 모든 전문가들을 이렇게 찾을 수는 없었습니다. 그래서 주변 사람들에게 전문가 연결을 부탁했습니다. 하루 만에 전문가가 섭외된 경우도 있었지만 한 달이 지나도록 섭외를 못하는 경우도 있었습니다. 역사를 공부할 때는 아이들에게 역사 전문가와 화상 연결을 꼭 해 주고 싶었습니다. 하지만 지인, 지인의 지인에게 부탁해도 연결이 되지 않았습니다. 결국 포기하려던 순간 페이스북이 떠올랐습니다. 페이스북에 이런 수업을 하고 싶다는 내용과 함께 전문가의 도움이 필요하다는 글을 올렸습니다. 그렇게 3주 후 우연히 그 글을 본 교육 관계자 분이 역사 전문가를 연결해 주었습니다. 그분이 바로 '큰별쌤' 최태성 선생님입니다.

전문가들은 내가 아이들에게 알려 주지 못한 많은 경험과 지식을 공유해 주었습니다. 10분 정도의 짧은 만남이었지만 아이들은 다양한 직업군을 경험할 수 있었고, 교과서에서는 배울 수 없는 생생한 지식을 배울 수 있었습니다. 귀한 시간을 내어 준 많은 전문가 분들께 감사의 마음을 전합니다.

2. QR코드로 살펴보는 조선의 왕 이야기

활동 준비물 : ICT기기, 영상 편집 프로그램,
디딤영상 QR코드, 게시판

수학능력시험에서 한국사가 필수가 되었습니다. 공무원 시험과 각종 입사 시험에서도 한국사가 중요하게 자리 잡았습니다. 초등학교에서도 5, 6학년 사회 시간에 우리나라 역사를 배웁니다. 그 가운데 많은 부분을 조선 시대가 차지하고 있습니다. 하지만 조선 시대 500년 역사가 교과서에는 짧게 소개되어 있어서 아이들은 조선 시대를 배우는 데 어려워합니다. 수많은 인물과 사건, 문화재 등이 동시에 쏟아져 나오기 때문에 내용을 잘 기억하지 못하기도 합니다.

어떻게 하면 아이들이 조선의 역사를 쉽고 즐겁게 배울 수 있을까? 고민 끝에 아이들이 언제든지 볼 수 있게 교실 뒤 게시판을 활용하기로 합니다. 텍스트 위주로 제시하기보다는 영상을 가미해서 역사적 사건을 보여 주면 효과적일 것입니다. 그래서 조선 시대의 왕 27명에 관한 디딤영상을 제작합니다. 그런 다음 각 영상의 주소지를 QR코드에 담습니다.

이렇게 생성한 QR코드를 교실 뒤 게시판에 붙여 두어 아이들이 궁금한 점이 생겼을 때 언제든지 볼 수 있도록 합니다.

가벼운 마음으로 시작했지만 과정은 쉽지 않았습니다. 처음에는 혼자서 하나씩 만들었습니다. 하지만 조선의 왕에 관한 영상이 하나씩 만들어질 때마다 아이들의 관심이 높아지고, 디딤영상을 직접 제작해 보고 싶은 아이들도 생깁니다. 그래서 제작에 관심을 보이는 아이들과 함께 조선 시대 왕의 디딤영상을 만들어 봅니다.

먼저 설민석 저자의 『조선왕조실록』을 구입했습니다. 이 책은 조선의 왕 27명에 대한 기록이 순서대로 잘 정리되어 있어서 디딤영상을 만드는 데 많은 도움이 됩니다. 그리고 도서관에 비치된 조선 시대 관련 책들을 빌려 필요한 내용을 정리해 둡니다.

그 다음은 준비한 역사적 내용을 목적에 맞게 가공하는 단계입니다. 아이들의 수준에 맞추어 연습장에 마인드맵으로 정리합니다. 10분 분량의 디딤영상을 만들려면 불필요한 내용은 삭제해야 합니다. 역사적 내용을 마인드맵으로 정리하되 한눈에 들어오도록 필요한 부분만 추출합니다.

아이들이 디딤영상을 준비할 때도 마찬가지입니다. 아이들은 수많은 역사적 내용 가운데 필요한 부분만 뽑아 요약하는 것을 어려워합니다. 그래서 더욱 마인드맵 과정이 필요합니다. 교사인 나 역시도 처음에는 역사적 내용을 마인드맵으로 정리하는 데 많은 시간이 걸렸습니다. 하지만 디딤영상이 늘어 갈수록 마인드맵을 만드는 시간은 단축됩니다. 아이들은 자료를 정리하고 요약하는 과정에서 교과서에 나오지 않는 역사적 사실도 알게 되어 교과서의 내용을 역사적 흐름 속에서 더 쉽게 이해할 수 있습니다. 태조부터 시작된 조선 시대 왕들의 연표를 만들면서 조선이 어떻게 발전하고 어느 나라의 침략을 받았으며, 또 어떻게 위기를 극복해 나갔는지 등에 대한 통찰력도 생깁니다.

마인드맵이 준비되면 그 내용을 바탕으로 ICT기기를 활용하여 디딤영상을 제작합니다. 학교에서 보유하고 있는 갤럭시 탭의 S노트를 활용하여 마인드맵으로 요약한 내용을 기록합니다. 그리고 모비즌 앱을 활용하여 역사적 내용을 설명하는 목소리와 기록의 과정을 녹화합니다.

S노트와 모비즌으로 제작한 디딤영상은 그대로 유튜브에 탑재해도 됩니다. 하지만 간단한 음악이나 적절한 자막을 넣어 주면 훨씬 재미있고 다채로운 영상을 만

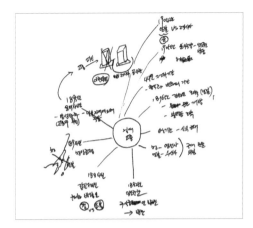
■1 역사적 내용을 마인드맵으로 작성하기

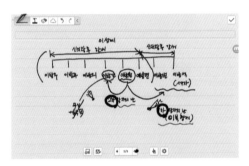
■2 S노트와 모비즌을 이용해 디딤영상 제작하기

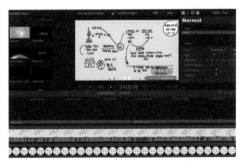
■3 파이널컷프로X 프로그램으로 디딤영상 편집하기

들 수 있으므로 편집의 과정을 꼭 거칩니다. 내 경우, 처음에는 맥북 '아이무비(I-Movie)'로 편집하다가 조금 더 나은 영상 편집을 위하여 '파이널컷프로X(Final Cut Pro X)'를 사용했습니다. 아이들은 스마트폰에 있는 영상 편집 앱을 사용하거나 나에게 도움을 받습니다. 편집이 더해질수록 디딤영상이 더 멋지게 살아납니다. 아이들 중 하나가 어디서 배웠는지 '화룡점정(畫龍點睛)'이라는 표현을 사용합니다.

▲ SNS에 영상 공유하고 안내하기

디딤영상을 만들었으니 이제 아이들이 영상을 쉽게 볼 수 있도록 공유하는 일이 남았습니다. 멋진 옷을 만들고 놀라운 제품을 개발했더라도 사람들이 모르면 아무 소용이 없는 것처럼 결과물을 공유하고 생각을 나누는 과정은 꼭 필요합니다. 영상은 아이들이 쉽게 접근하고 자주 활용하는 곳에 공유합니다. 유투브, 학급 밴드, 위두랑이 그곳입니다. 이 세 곳에 조선의 왕 디딤영상을 하나씩 탑재하고 아이들에게 안내합니다.

그리고 하나 더 중요한 작업이 남았습니다. 디딤영상을 담은 QR코드를 출력해서 하나씩 정리하는 작업입니다. 아이들은 눈에 보이지 않는 컴퓨터 속 영상보다 눈에 자주 보이는 QR코드 출력물에 더 관심을 갖습니다. QR코드는 컴퓨터를 켜지 않아도 아이들이 가지고 있는 ICT기기나 스마트폰을 활용해 쉽게 영상에 접근할 수 있게 해 줍니다.

⑤ 조선의 왕 27명에 대한 QR 코드를 출력해 학급 게시판에 정리하기

QR코드 출력물을 교실 뒤 게시판에 하나씩 붙여 나갑니다. 처음에는 텅 비어 있던 게시판이 조금씩 채워질수록 조선 시대 역사에 대한 지식도 조금씩 쌓여 가는 것만 같습니다.

조선의 왕 연표와 QR코드 출력물은 단지 교실 환경을 꾸미기 위해 제작한 것이 아닙니다. 조선 시대 역사를 공부하며 얻은 지식의 소산물입니다. 나와 아이들은 자료를 찾고 마인드맵이라는 학습 도구를 사용하여 내용을 요약했습니다.

혼자서 영상을 다 제작하기는 어려워서 서로 도움을 주고받으며 함께 만들었습니다. 함께 했기에 포기하지 않고 조선의 왕 27명의 영상을 모두 만들 수 있었습니다. 학기말에는 조선 왕 27명의 QR코드 출력물이 모두 완성되어 학급 게시판에 아름답게 자리를 잡았습니다. 영상이 멋져서도 아니고 QR코드 출력물이 화려해서도 아닙니다. QR코드 출력물 안에 담긴 우리의 노력이 있었기에 더 빛을 발하는 것입니다.

아이들에게 선물한 디딤영상 QR코드

QR코드에 담은 조선 왕 27명의 디딤영상을 아이들에게 선물로 주고 싶었습니다. 중학교에 가서도 언제든 활용할 수 있도록 휴대용으로 제작해 주고 싶었습니다.
그래서 각 왕들에 대한 간단한 설명을 첨부하여 QR코드와 함께 편집했습니다. 휴대하기 좋게 크기는 작게 만들었습니다. 쉽게 찢어지지 않도록 코팅도 하였습니다. 그리고 아이들에게 나누어 주었습니다.

우리 반 아이들뿐만 아니라 역사를 지도하는 선생님들과 다른 학생들에게도 선물하기 위해 여분을 더 제작합니다. 코팅하고 자르고, 또 코팅하고 자르는 과정이 반복됩니다. 손은 아프지만 아이들이 QR코드에 담긴 디딤영상을 통해 조선 역사에 대해 잘 알 수 있다면 이 정도 노력은 아무것도 아닙니다. QR코드 자료를 활용할 아이들을 생각하니 오늘 하루도 기분이 좋아집니다.

3. 수업 과정을 기록해요:
활동 사진과 화살표를
활용한 환경판 만들기

활동 준비물 : 수업 사진, 화살표, 게시판

교실 뒤 학급 게시판은 새 학년이 시작되는 3월에 만들어 놓으면 내용이 거의 바뀌지 않고 몇 달이 가곤 합니다. 미술 시간에 아이들이 만든 작품이 나오면 교체되기도 합니다. 그러나 이렇게 특정 과목의 결과물로 구성되는 게시판보다 다양한 수업 장면이 보이는, 실질적인 게시판이 되었으면 좋겠다고 생각했습니다.

학급 게시판이 아이들의 작품만을 보여 주는 공간이 아니라 수업의 흐름과 과정까지 보여 준다면 지금 어떤 내용을 배우고 있는지 말로 하지 않아도 됩니다. 그리고 아이들도 어떤 수업을 했고 지금은 어떤 수업을 하고 있으며 앞으로 어떤 수업을 해 나갈지에 대해서 생각해 볼 수 있습니다.

이렇게 하면 수업의 흐름에 따라 게시판을 만들 수 있습니다. 어제 했던 수업과 오늘 하는 수업은 전혀 동떨어져 있지 않습니다. 하나의 성취

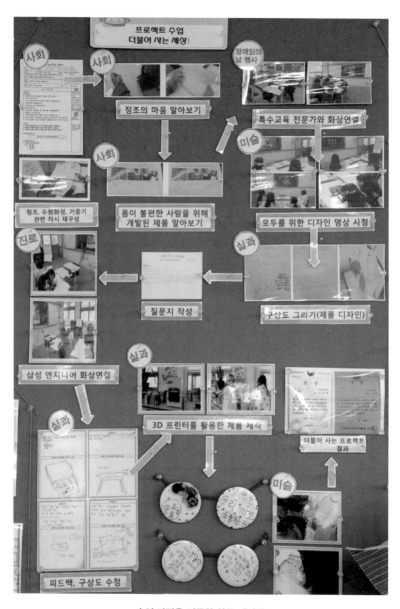

수업 과정을 기록한 학급 게시판

기준 안에서 서로 유기적으로 연결됩니다. 모든 차시가 각각의 색깔을 가지고 운영되는 것이 아니라 서로 조화를 이루며 하나의 성취기준을 향해 나아갑니다.

수업의 흐름은 눈에 보이게 기록하지 않으면 쉽게 알 수 없습니다. 그래서 수업 장면 사진과 화살표를 적절히 활용합니다. 한 차시 수업이 끝나면 그 수업을 대표하는 장면의 사진이나 자료를 출력하고, 어떤 내용의 수업이었는지 짧은 문구나 키워드로 기록합니다. 출력한 사진과 자료는 코팅하여 게시판에 붙입니다. 그리고 다음 차시 수업이 끝나면 화살표를 사용하여 그 수업 장면의 사진이나 자료를 이어서 붙입니다. 비어 있던 게시판에 하나의 수업 과정이 이렇게 기록됩니다. 수업 내용에 따라 다섯 개의 수업 장면이 키워드와 함께 붙여지기도 하고, 때로는 열 개가 넘는 수업 장면이 붙여지기도 합니다.

학급 게시판에 수업 장면이 하나씩 붙여질 때마다 아이들은 현재 자신이 어떤 수업을 하고 있는지 더 잘 알 수 있으며, 수업에 더 많은 관심과 흥미를 가지고 참여하게 됩니다. 또한 앞으로 어떤 수업을 해 나가면 좋을지 교사에게 의견을 제시하기도 하고, 아이들끼리 이야기를 나누기도 합니다.

모든 수업 장면을 이와 같이 기록으로 남기기는 어렵습니다. 아이들이 활동하는 모습을 사진으로 남기려면 강의식 수업은 적절하지 않습니다. 활동 중심 수업이 되어야 아이들이 활동에 집중하는 동안 교사는 수업 장면을 사진으로 찍고 기록으로 남길 수 있습니다.

그리고 더 어려운 일이 남아 있습니다. 바로 수업을 새롭게 구성하는 것입니다. 학교에서 배우는 지식들은 한 차시에 완성되는 것도 있지만 일련의 과정을 통해 지속적으로 학습해야 하는 것이 많습니다. 그렇기 때문에 교과서 내용을 그대로 가르치기보다는 성취기준을 근거로 수업을 새롭게 재구성할 때 훨씬 효과적이고 효율적인 학습이 가능해집니다.

그런데 고학년 선생님들의 경우, 수업이 3시에 끝납니다. 수업이 끝났다고 해서 학교 일이 마무리된 것은 아닙니다. 공문 처리와 회의, 학부모 상담, 출장 등이 기다리고 있습니다. 그렇다 보니 못 다한 수업 준비는 집으로 가지고 오게 되는 경우가 많습니다. 이런 선생님들에게 모든 수업 과정을 기록하고, 사진을 찍고, 수업이 끝난 후에는 사진을 출력하고 코팅해서 게시판에 붙여 보라고 하는 것은 큰 일거리를 하나 더 드리는 것과 같습니다.

선생님들이 수업 과정을 재구성하고 기록하기 위해서는 교사가 수업에 집중할 수 있는 학교 시스템이 먼저 구축되어야 합니다. 이것은 교사 혼자 할 수 있는 일이 아닙니다. 학교 관리자의 인식 개선과 대한민국 교육 시스템의 변화가 이루어져야 가능합니다.

4. 포트폴리오로 만드는
교실 환경

활동 준비물 : 스캐너, 수업 결과물, A4파일

학급 게시판이 주로 평면적인 작품을 전시하는 곳이라면 사물함 위의 공간은 입체적인 작품을 전시하는 공간으로 활용됩니다. 나는 이곳을 아이들의 입체 작품 전시 공간으로 활용하되 조금 더 의미를 부여하고 싶었습니다.

현재 학급 게시판은 크게 세 가지로 주제로 구성되어 있습니다. 전문가들과 화상 연결 수업을 했던 내용을 표시한 커다란 대한민국 지도, 조선의 왕 27명에 대한 내용을 담은 QR코드, 수업 장면 사진과 화살표를 사용해 만든 수업 과정 흐름도가 있습니다. 그것을 보며 사물함 위의 공간에 게시판을 채우고 있는 수업 장면과 관련된 작품이나 자료를 전시하기로 합니다.

그리고 한 가지가 더 있습니다. 바로 아이들의 학습지입니다. 모든 수업 과정에는 아이들의 노력과 협력의 결과물인 학습지가 남게 됩니다.

학습지를 보면 아이들이 어떤 생각을 가지고 있는지 알 수 있습니다. 성취기준에 도달하고 있는지, 부족한 점은 무엇인지도 미루어 짐작할 수 있고, 아이들이 서로 피드백해 준 다양한 내용도 확인할 수 있습니다. 이와 같이 학습지는 아이들의 수업 모습을 보여 주는 중요한 자료입니다. 하지만 반복되는 수업 속에서 학습지를 제대로 관리하지 않아서 구겨지거나 혹은 아이들 자신도 어디에 두었는지 알 수 없을 때가 많습니다. 아이들의 수업 과정을 알 수 있는 귀한 자료가 너무 쉽게 훼손되고 없어집니다.

학급 게시판 전체 모습

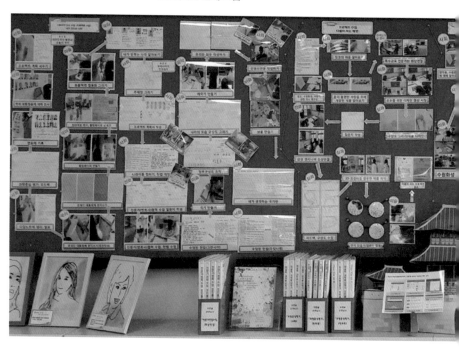

'어떻게 하면 아이들의 학습 결과물을 잃어버리지 않고 잘 보관할 수 있을까?'

고민은 오래가지 않았습니다. 문서철이 있었으니까요. 수업이 끝난 후 학습지를 아이들 각자의 문서철에 보관하게 하면 귀중한 자료가 사라질 일을 미연에 방지할 수 있습니다. 아이들의 문서철은 책꽂이를 활용해 학급 게시판 아래에 있는 사물함 위에 보관합니다.

시간이 흐르면서 게시판도 채워져 가고, 사물함 위도 다양한 작품들로 채워져 가고, 아이들의 학습지를 넣어 두는 문서철도 채워져 갑니다.

학습지를 보관한 문서철만 보면 아이들이 어떤 수업을 했고 어떤 과

Part 7 교실 환경, 메이커 교육을 만나다

정을 거쳐 결과물을 만들어 냈는지 한눈에 알 수 있습니다. 전문가들과 화상 연결을 한 수업에서는 다양한 질문지들이 만들어집니다. 전문

아이들의 학습 결과물을 보관한 문서철

가들에게 직접 물어보았던 궁금한 내용, 화상 연결 수업을 통해 새로 알게 된 내용 등이 학습지에 기록됩니다. 조선의 왕 27명과 관련된 영상을 보고 알게 된 내용도 노트와 학습지에 기록하였습니다. 그리고 이를 모두 스캔한 후에 A4용지에 출력하여 문서철에 꽂아 둡니다. 이 문서철은 나중에 각 가정으로 보내어져 아이가 학교에서 어떻게 공부하고 있는지 부모님이 살펴볼 수 있는 자료로 활용됩니다. 마지막으로, 수업 장면 사진과 화살표를 사용해 수업 과정을 기록한 파트에는 더 많은 학습지들이 나옵니다. 한 차시로 끝난 수업이 아니고 긴 호흡으로 이어 간 수업이기에 다양한 학습지와 결과물이 나오는 것은 당연합니다. 모둠에서 함께 해결한 학습지는 모둠원 수만큼 복사하여 아이들 각자에게 나누어 준 후 자신의 문서철에 보관하도록 합니다. 수업 중에 이루어진 자기평가, 상호평가 결과지도 문서철에 보관하여 평가가 어떻게 이루어졌는지 알 수 있도록 합니다.

이렇게 수업 시간에 아이들이 스스로 해결한 학습지와 다양한 평가지도 교실 환경을 꾸미는 중요한 소재가 될 수 있습니다.

아이들의 학습지를 차곡차곡 잘 정리해 두면 좋은 점이 많습니다.

먼저, 평가를 위해 별도의 시간과 노력을 기울이지 않아도 됩니다. 수업 중간중간에 평가와 피드백이 이루어지고, 이 자료가 문서철에 차곡차곡 쌓이기 때문입니다. 이렇게 정리된 문서철은 나중에 각 가정으로 보내져 부모님들이 자녀의 수업 참여 태도와 성취 정도를 확인하는 자료로 활용합니다. 아이들이 직접 작성한 학습 결과물이기에 글씨체, 내용의 이해 정도, 맞춤법 등도 가정에서 함께 지도할 수 있습니다.

다음으로, 공개 수업 때 교실을 방문한 여러 선생님과 부모님에게 어떤 과정으로 수업을 준비했는지 길게 설명할 필요가 없습니다. 아이들의 생각과 소중한 기록이 담긴 학습지가 수업의 과정이자 결과이기 때문입니다. 이것만 보면 수업에 대한 여러 가지 궁금증을 해결할 수 있고 전체적인 수업 흐름도 이해할 수 있습니다.

마지막으로, 아이들 스스로 갖는 뿌듯함입니다. 안타깝게도 수업이 끝난 후 무엇을 배웠는지 말하지 못하는 아이들이 많습니다. 그리고 시간이 지나면 배운 내용이 기억나지 않을 때가 많습니다. 이때 자신의 문서철에 꽂혀 있는 학습 결과물들을 보면 무엇을 배웠고 어떤 과정을 통해 알게 되었는지 확인할 수 있습니다. 또한 '수업 시간에 열심히 했구나.' 하는 자부심도 갖게 됩니다.

이렇듯 아이들 각각의 이름이 적힌 문서철은 아이들 이름만큼이나 소중한 교실 환경 자료이면서 귀중한 수업 결과물입니다.

5. 책, 캔버스, 상자를 활용해 만드는 교실 환경

활동 준비물 : 책, 나무 상자, 철제 책 거치대,
플라스틱 정리 상자

아이들은 집에서 보내는 시간 못지않게 많은 시간을 교실에서 보냅니다. 쉬는 시간이나 점심시간에 반 친구들과 놀이를 하며 서로 친해지고, 때로는 조용히 책을 읽으며 상상의 세계와 만납니다. 그렇기에 교실은 아이들이 편안하고 즐겁게 머물 수 있는 곳이어야 합니다.

교실 환경을 꾸미면서 가장 우선적으로 생각했던 것은 바로 이 점입니다. '교실 안에서 모든 것을 해결하자!' 아이들에게는 쉬는 시간 1분 1초가 아깝습니다. 중간놀이 시간에 교실을 벗어나 다른 곳으로 이동하는 짧은 시간도 아주 소중합니다. 그렇기 때문에 아이들이 필요로 하는 놀잇감이 교실에 모두 있어야 시간을 효과적으로 보낼 수 있습니다.

교실 공간 꾸미기

아이들에게 가장 재미있으면서도 교육적인 놀이 도구는 책입니다. 책은 마음의 양식이며 혼자 즐겁게 놀 수 있는 장난감이기도 합니다. 아이들이 이런 책과 친해지도록 우리 반 아이들의 수준에 맞춰 필요한 책을 도서관에서 장기 대여합니다. 내가 읽은 책 가운데 아이들이 보면 좋을 것 같은 책들도 집에서 한 상자 가져옵니다.

이렇게 가져온 책들을 아이들이 쉽게 볼 수 있도록 진열합니다. 이 일은 책을 모으는 것보다 더 중요합니다. 아이들의 눈높이에 책이 전시되어 있어야 하며 쉽게 꺼내 볼 수 있어야 합니다. 그래서 아이들과 함께 학교 창고에 가서 쓰지 않는 탁자 하나와 그 옆에 쌓여 있는 나무 상자들을 교실로 가져옵니다. 탁자 위에 상자들을 차곡차곡 올려놓고 책을 한 권씩 꽂습니다. 몇 달 전 연구학교 발표회 때 사용하고 지금은 아무도 사용하지 않고 있는, 교무실 한쪽에 방치되어 있는 철제 책 거치대도 가져옵니다. 여기에 현재 수업 시간에 배우고 있는 내용과 연관 있는 책, 아이들이 흥미로워할 책을 꽂아 둡니다. 교실에 있는 책들은 아이들이 언

교실 한쪽 벽면을 가득 채우고 있는 놀잇감과 도서

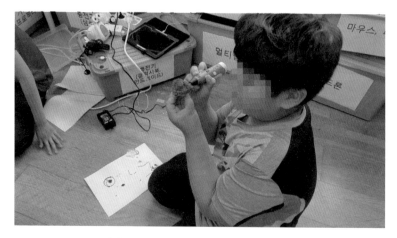

정리 상자에 있는 3D펜을 꺼내 놓고 있는 아이들

제든 꺼내서 읽어 볼 수 있습니다. 교실에 비치된 도서명부에 기록만 하면 집에 가져가서 읽을 수도 있습니다.

　아이들이 책만큼, 어쩌면 그보다 더 좋아하는 것이 보드게임, 소프트웨어 교육을 위해 구입한 로봇입니다. 이런 교구들은 아이들이 쉽게 찾을 수 있도록 플라스틱 상자에 넣고 각각 이름표를 붙여 두니, 따로 설명하지 않아도 아이들이 스스로 찾아서 가지고 놉니다. 또 가지고 논 후에 정리도 잘 합니다. 교실 한쪽 벽면을 차지하고 있는 10개 남짓한 정리 상자는 놀이를 좋아하는 아이들뿐 아니라, 깨끗한 교실을 만들기 원하는 내게도 꼭 필요한 제품입니다.

교실 밖 복도 공간 꾸미기

교실 외에 아이들에게 중요한 공간이 하나 더 있습니다. 바로 복도입니다. 복도는 아이들이 교실로 들어오기 전 만나는 공간입니다. 복도가 지저분하거나 정리되어 있지 않으면 아이들은 아침부터 상쾌하지 않은 마음으로 하루를 시작하게 됩니다. 또 복도는 그 공간을 사용하는 학년의 얼굴이자 첫인상입니다. 이런 의미를 가지고 있는 복도이기에 소홀히 할 수 없습니다.

우리 반은 2층 한쪽 끝에 위치해 있습니다. 그래서 교실로 들어오려면 어쩔 수 없이 벽면을 보면서 걸어와야 합니다. 하얗고 깨끗하던 벽면이 시간이 흘러 지저분해지고 칠이 벗겨지기 시작했습니다. 보기에 좋지 않은 이 벽면을 바꾸고 싶었습니다. 그러던 어느 날 카페에서 하얀 철제 네트망을 보았습니다.

그 즉시 인터넷 사이트에서 커다란 철제 네트망 두 개를 구입합니다. 비용은 당연히 교실 환경 조성비로 충당합니다. 수업이 끝나고 아이들이

교실 옆 복도 벽면을 채우고 있는 아이들의 작품

모두 집으로 돌아간 뒤, 드릴을 가져다가 나사못을 박고 네트망을 벽면에 고정합니다. 그리고 수업 시간에 아이들이 만든 작품을 이곳에 전시합니다. 전시 방법은 아주 간단합니다. 인터넷 사이트에서 구입한 후크를 네트망에 건 다음, 캔버스와 나무를 사용해 만든 아이들의 작품을 걸면 됩니다. 작품이 하나씩 늘어갈 때마다 네트망이 설치된 벽면도 멋진 전시 공간으로 탈바꿈해 갑니다. 아이들 모두 아침에 교실로 들어가는 짧은 시간 동안 이 작품들을 감상합니다. 물론 나도 뿌듯한 마음으로 감상합니다.

교실 밖 복도에는 나무로 짠 신발장이 있습니다. 예전에는 신발장으로 사용했지만, 지금은 사용하지 않습니다. 1층에 새로 신발 보관함을 설치한 뒤로, 아이들은 그곳에 신발을 보관합니다. 그래서 교실 밖 벽면에 붙어 있는 나무 신발장에는 먼지만 쌓여 있습니다. 어떤 날은 쓰레기가 놓여 있기도 합니다. 쓸모없이 방치된 이곳을 전시 공간으로 이용해 보기로 합니다.

그동안 아이들과 함께 여러 작품을 만들었으니, 그걸 전시하면 되겠다 싶습니다. 그런데 작품이 너무 커서 신발장 안에 들어가지 않습니다. 아이들에게는 "우리 저곳을 멋진 작품 전시 공간으로 꾸며 보자."고 이미 말해 둔 상황입니다. 그래서 크기가 작은 작품을 전시하기로 합니다. 아이들에게 나무 신발장에 들어갈 수 있는 크기의 버려진 나무판 또는 학교 여기저기를 굴러다니는 돌멩이들을 가져와서 그것을 작품으로 탈바꿈시켜 보자고 제안합니다.

수업 시간에 정당하게 교실 밖으로
나갈 기회를 얻은 아이들은, 발걸음도
가볍게 나가서 이것저것을 모아 옵니
다. 그리고 그것을 멋진 미술 작품으로
재탄생시킵니다. 컬러 매직을 활용하
니, 시간을 많이 들이지 않고도 뚝딱 하
나의 작품을 만들어 냅니다. 나무판과
돌멩이라는 거친 소재에 그림을 그리
니, 느낌이 색다른지 아이들끼리 재료
에 대해 재잘재잘 말이 많습니다. 아이
들이 완성하여 제출한 작품을 보니, 종

**사용하지 않는 신발장에
전시된 작품들**

이에 그림을 그릴 때와는 다른 느낌의 아름다움을 줍니다. 작품 만들기
가 다 끝나고, 아이들에게 말합니다.

"자, 지금부터 이 멋진 작품들을 전시할 곳으로 교실 밖 나무 신발장
을 이용하면 좋겠는데, 신발장에 먼지가 쌓여 있어요. 어떻게 하면 좋을
까요? 그냥 작품을 전시하면 먼지가 묻을 것 같고……."

그러자 한 아이가 말합니다.

"청소를 해요."

아이들이 조르르 몰려 나갑니다. 걸레로 한 번씩만 닦아도 나무 신발
장은 금세 깨끗해집니다. 그리고 그 위에 전시된 아이들의 작품은 더욱
반짝반짝 빛납니다. 이처럼 쓸모없이 버려져 있던 공간도 작품이 하나씩
놓이면서 멋진 전시 공간으로 바뀝니다.

교실에 들어오기 전, 아이들은 복도 벽면에 걸린 미술 작품들을 봅니다. 교실 문 옆 신발장에 전시된 작품들도 감상합니다. 교실에는 아이들이 언제든 꺼내 볼 수 있는 책들이 기다리고 있습니다. 책을 읽다가 다른 재미있는 것이 생각나면 친구들과 웃으며 함께 놀 수 있는 교구들을 플라스틱 상자에서 꺼냅니다. 플라스틱 상자에 이름표가 붙어 있어 금방 자신이 원하는 것을 찾아 꺼냅니다. 별도의 허락이나 조건 없이 아이들 스스로 사용하고 뒷정리만 하면 됩니다.

아이들에게 세상을 살아가기 위한 기본 지식을 알려 주는 것은 학교가 해야 할 일 중 하나입니다. 교사가 수업 시간에 아이들 앞에 서는 이유이기도 합니다. 하지만 단순히 지식만 전달하는 거라면 교사보다 로봇들이 더 잘할지도 모릅니다. 교사가, 그리고 학교가 있는 이유는 지식을 전달해 주는 것 외에도 우리 아이들의 마음속에 아름다운 감성과 따뜻한 심성, 단단한 의지를 심어 주기 위해서입니다. 학교에는 아이들이 살아갈 미래를 보다 살기 좋게 만들고자 하는 어른들의 바람이 담겨 있습니다.

아이들에게 이런 따뜻하고 강건한 마음을 심어 주기 위해 교실이 보다 따뜻해졌으면, 보다 즐거워졌으면 좋겠습니다. 아이들이 매일매일 가고 싶은, 따뜻하고 즐거운 교실은 선생님들도 출근하고 싶은 교실입니다. 나는 오늘도 그런 교실로 출근합니다.

참고문헌

논문 및 단행본

강인애, 윤혜진, 황중원(2017), 『메이커교육_4차 산업혁명 시대에 다시 만난 구성주의』, 내하출판사

공선명(2018), 「메이커 활동에서 나타나는 초등학교 저학년 학생들의 창의성과 창의적 사고 과정 분석」, 서울교육대학교 교육전문대학원 석사학위 논문

교육부(2015), 2015개정 교육과정 초 · 중등 교육과정 총론

교육부(2015), 개정 교육과정 총론 해설서

교육부(2015), 초등학교 교육과정

김근재(2019), 「피지컬 컴퓨팅 도구를 활용한 메이커 교육 수업 모형 개발」, 서울대학교 대학원 석사학위 논문

김백균(2016), 『BK선생님의 쉬운 수업 레시피』, 지식프레임

김성현, 김은혜(2012), 『초등부모학교』, 미르에듀

김성현(2017), 『교과 수업, 틀을 깨다!』, 지식프레임

김진수(2018), 『교사가 성장하면 수업도 성장한다』, 행복한미래

김진옥(2018), 「메이커 기반 STEAM 교육을 위한 수업 모형 개발」, 한국교원대학교 대학원 박사학위 논문

김형준, 이승윤, 함진호, 이주철, 이원석, 차홍기, 현성은(2016), 『부모가 먼저 알고 아이에게 알려주는 메이커 교육』, 콘텐츠하다

메이커교육실천(2019), 「시민 메이커 교육 가이드북」, 한국과학창의재단

설민석(2016), 『설민석의 무도 한국사 특강』, 휴먼큐브

설민석(2016), 『조선왕조실록』, 세계사

성진규(2019), 「메이커 교육 공간의 확장으로서 가상현실 활용에 대한 탐색 연구」, 서울대학교 대학원 석사학위 논문

신상희(2018), 「메이킹 기반 협력적 문제해결 교수학습모형 개발」, 공주대학교 교육대학원 석사학위 논문

이관구(2014), 『초등한국사! 진짜 역사수업을 말한다』, 테크빌교육

이현정 · 최무연 · 임해정(2017), 『프로젝트 수업, 배움을 디자인하다』, 행복한 미래

이형빈(2015), 『교육과정-수업-평가 어떻게 혁신할 것인가』, 맘에드림

오은영(2016), 『못 참는 아이, 욱하는 부모』, 코리아닷컴

장주현(2018), 「구성주의적 접근에 기초한 도덕 교육 실천 방안 연구」, 서울교육대학교 대학원 석사학위 논문

정다애(2018), 「디자인 사고 기반 메이커 교육 단계별 교수자 역할 체크리스트 개발 연구」, 경희대학교 대학원 석사학위 논문

정문성(2017), 『토의 · 토론 수업방법 84』, 교육과학사

정성식(2017), 『교육과정에 돌직구를 던져라』, 에듀니티

존 라머 · 존 머겐 달러 · 수지 보스 저, 최선경, 장밝은, 김병식 역(2017), 『프로젝트 수업 어떻게 할 것인가?』, 지식프레임

최무연(2016), 『나는 수업하러 학교에 간다』, 행복한 미래

최민준(2019), 「메이커 교육을 통한 공동체역량 증진 방안 연구—유니버설 디자인을 중심으로」, 서울교육대학교 대학원 석사학위 논문

최섭(2018), 『좋은 수업 만들기』, 이비락

참고문헌

최인수, 변문경, 박찬, 김병석, 박정민, 전수연, 전은경(2018), 『4차 산업 수업 혁명』, 다빈치 books

테크빌교육(2019), 2015 개정교육과정의 학생 참여 중심 수업을 위한 교과 연계 메이커 교육 초등 교원 연수 자료

홍지연(2017), 『소프트웨어 수업백과』, 상상박물관

Paul Eggen · Don Kauchak 저, 신종호 , 김동민, 김정섭 외 역(2015), 『교육심리학: 교육실제를 보는 창』, 학지사

Sylvia Libow Martinez, Gary Stager, Ph.D. 저, 송기봉, 김상균 역(2015), 『메이커 혁명, 교육을 통합하다』, 홍릉과학출판사

동영상 및 온라인 자료

국립과천과학관 창작공방 〉 종이 전자회로 (youtu.be/_xydTIiByWY)

단꿈 교육 〉 영화 역린 100배 즐기기, 설민석의 정조 이야기 1부 (youtube.com/watch?v=TyAmBTcYbRw)

단꿈 교육 〉 영화 역린 100배 즐기기, 설민석의 정조 이야기 2부 (youtube.com/watch?v=MafoDU5G6bk)

메이커 다은쌤 〉 메이커? 메이커 문화? 메이커 교육? (youtube.com/playlist?list=PL3tES2o5VicIZDD9A17K1xAj9NtG-IoIs)

메이커 다은쌤 〉 2017 전재산 탕진 프로젝트 – 전 세계 메이커 페어 몽땅 구경하기 (youtube.com/playlist?list=PL3tES2o5VicKrP2UzgfvtAlisbdu65ZR4)

메이커 다은쌤 〉 Cura 3.6 버전 사용법 기초~꿀팁 (youtube.com/playlist?list=PL3tES2o5VicJ-1fefCGL6OmdX1MFNehS5)

메이커 다은쌤 〉 2017 버전(구) – 메이커 다은쌤의 틴커캐드 Thinkercad 강의 – 시작하기, 더 알아보기 (youtube.com/playlist?list=PL3tES2o5VicKDWXpMcMLmPhPd16XNlNK7)

메이커 다은쌤 〉 Cura 큐라 – 2D 사진 3D로 만들기 (youtu.be/pCR-iFUNlbs)

서울경제썸 Thumb 〉 [건축과 도시] 학교건축의 새로운 도전… 동화고 '삼각학교'(youtube.com/watch?v=-xW4POqalnU)

이지쌤 〉 완전 짱 신기한 내 얼굴로 3D 홀로그램 만들기! for 파워포인트 EZ 세상 (youtube.com/watch?v=OEZxEKF3B08)

aiinsworld 〉 에펠탑의 비밀 3부_안전한 건물을 지으려면 (youtu.be/MVGYgEC6-m0)

IamVR Official 〉 Whale Surprise Jumps into a Gym in Mixed Reality (Exciting) by Magic Leap (youtu.be/LM0T6hLH15k)

Mr. Maker 〉 대박!! 박스로 움직이는 포크레인 만들기 수업으로 작동!! (youtu.be/bu5LAuJ2B_A)

Mr. Maker 〉 종이 A4용지를 이용해서 강력한 무기 투석기 만들기 (youtu.be/OA0yijFSZlk)

YTN NEWS 〉 긴 잠 깨어난 갯벌 속 고려 시대 선박 (youtu.be/aeCZoHDbANM)

YTN SCIENCE 〉 삼각형을 이용한 구조물이 많은 이유는? (youtu.be/xuv2tWGAQ8s)

YTN SCIENCE 〉 트러스 구조 이해하기 (youtu.be/-FltL98V_pc)